INHALT

W0095059

KARTEN IM BAND
(174 A1) Seitenzahlen und Koordinaten verweisen auf den Reiseatlas
(0) Ort/Adresse liegt außerhalb des Kartenausschnitts Es sind auch die Objekte mit Koordinaten versehen, die nicht im Reiseatlas stehen
(U A1) Koordinaten für die Paris-Karte im hinteren Umschlag

UMSCHLAG HINTEN: FALTKARTE ZUM HERAUSNEHMEN →

FALTKARTE 🗺
(🗺 A–B 2–3) verweist auf die herausnehmbare Faltkarte
(🗺 a–b 2–3) verweist auf die Zusatzkarte auf der Faltkarte

Die besten MARCO POLO Insider-Tipps

Von allen Insider-Tipps finden Sie hier die 15 besten

INSIDER TIPP **Der Likör der Götter**

Im *Musée des Arts du Cognac* in der gleichnamigen Stadt erfahren Sie alles, was Sie über den berühmten Weinbrand wissen müssen → S. 93

INSIDER TIPP **Burgbau wie im Mittelalter**

Die zwei Schlösser des Monsieur Guyot, *Guédelon* und *Saint-Fargeau*, bestaunen – und unter mittelalterlichen Bedingungen handwerklich zupacken (Foto re.) → S. 46

INSIDER TIPP **Humor ist, wenn man trotzdem lacht**

Tomi Ungerers satirische Zeichnungen in Straßburg sind derb und intelligent. In der *Villa Greiner* hängen 300 Karikaturen → S. 68

INSIDER TIPP **Größter Flohmarkt Europas**

Der Antikmarkt *Braderie* in Lille am ersten Wochenende im September lockt nicht nur Schnäppchenjäger an, sondern ist auch ein beliebtes Stadtfestival (Foto o.) → S. 75

INSIDER TIPP **Die Dorfschönheit**

Der 200-Seelen-Ort *Baume-les-Messieurs* liegt in einem spektakulären halbrunden Tal des Jura und zählt zu den schönsten Dörfern Frankreichs. Erst wandern und dann die romanisch-gotische Klosterkirche ansehen → S. 61

INSIDER TIPP **Baskische Folklore**

Im idyllisch gelegenen Pyrenäendorf *Saint-Jean-Pied-de-Port* am Pilgerweg im Hochsommer ein Dorffest miterleben → S. 106

INSIDER TIPP **Erst schlendern, dann schlemmen**

In der oberen Etage der *Markthalle* von Toulouse finden Sie kleine, bei den Einheimischen beliebte Restaurants mit saisonalen Gerichten → S. 117

INSIDER TIPP **Szenen eines bewegten Lebens**

Das *Musée Colette* in Saint-Saveur ist eine gelungene Hommage an die Schriftstellerin → S. 47

BEST OF ...

SPAREN

● *Im Park von Schloss Compiègne lustwandeln*
Den *Parc du Château de Compiègne* kann man eintrittsfrei bestaunen. Der im neoklassizistischen französischen Stil angelegte Park wurde im 18. Jh. nicht vollendet, erlebte aber mehrere Erweiterungen und Umgestaltungen. Besonders lohnend: der Rosengarten in den letzten vier Frühlingswochen → **S. 73**

● *Inlineskaten mit Meerblick*
Im kostenlosen *Freiluft-Skatepark* in Le Havre können Inline-Skater und BMX-Fahrer sich nach Herzenslust ihrem Bewegungsdrang hingeben und ihre Geschicklichkeit testen → **S. 74**

● *Kunst und Kultur zum Nulltarif*
Jeden ersten Sonntag im Monat lohnt sich ein Besuch der *Museen in Toulouse* gleich doppelt, denn dann sparen Sie den Eintrittspreis. Besuchen Sie zum Beispiel Les Abattoirs: hier können Sie sehen, wie aus ehemaligen Schlachthöfen ein modernes Kulturzentrum für zeitgenössische Kunst entstanden ist → **S. 102**

● *Umsonst auf die Insel*
Lange Strände, Dünen und idyllische Dörfer – das alles finden Sie auf der *Île de Ré.* Wenn Sie die faszinierende Insel besuchen wollen ohne Eintritt zu bezahlen, dann lassen Sie das Auto stehen – für Radfahrer und Fußgänger ist die Insel kostenlos zugänglich → **S. 93**

● *Zum Pont du Gard paddeln*
Wenn Sie von Collias bis zum *Pont du Gard* mit dem Kanu gleiten, erleben Sie nicht nur eine unvergessliche Kanutour, Sie haben auch einen einmaligen Blick auf die Äquaduktbrücke, für deren Besichtigung Sie normalerweise tief in die Tasche greifen müssen (Foto) → **S. 147**

● *Abendliches Lichterspiel*
Von Mai bis September finden in Bourges kostenlose Lichtinszenierungen statt, die *Nuits Lumières* – ein eindrucksvolles Schauspiel → **S. 53**

TYPISCH FRANKREICH
Das erleben Sie nur hier

● **Gotische Kathedralen**
Zwischen dem 12. und 16. Jh. wurden in Frankreich 141 gotische Kathedralen gebaut, einige als Riesenbauwerke wie zum Beispiel in Chartres. Die ältesten Basilika-Kathedrale *St-Denis* bei Paris enthält über 70 königliche Grabstätten und mit die besten Grabmalskulpturen Europas → S. 42

● **Lavendelfelder in der Provence**
Das blau-violett schimmernde Blütenmeer der *Lavendelfelder* des Luberon gehört zum touristischen Bild von Frankreich ebenso wie die typische Kräutermischung Herbes de Provence → S. 127

● **Leckeres Essen für wenig Geld**
Die Brasserie ist ein Restaurant fürs kleine Portemonnaie. Es gibt ordentliche, mittags meist preiswerte Menüs, und mit dem Dekor legt sich der Chef richtig ins Zeug. Die schönsten Brasserien sind diejenigen, die „schon immer" existieren, oder solche, in denen sich der Chef besondere Mühe mit klassischem Dekor gemacht hat, wie zum Beispiel in der Bocuse-Brasserie *Le Nord* in Lyon → S. 133

● **Bouquinistes und Antiquaires**
Wer in Paris an der Seine entlanggeht, stößt unweigerlich auf die unverdrossen optimistischen Buchverkäufer, die beim ersten Sonnenstrahl ihre Holzkästen aufklappen. Edle antiquarische Bände finden Sie bei Auguste Blaizot (Foto) → S. 39

● **Gourmetküchen in der Provinz**
Im zentralistisch funktionierenden Frankreich will es schon etwas heißen, dass die meisten bedeutenden Sterneköche in der Provinz begonnen haben – und immer noch sehr häufig dort ihre Flagship-Restaurants halten, zum Beispiel *Marc Veyrat* in Veyrier du Lac → S. 122

● **Käse und Wein mit Gütesiegel**
Wenn etwas typisch für Frankreich ist, dann Wein, Käse und das AOC-Gütesiegel *(Appellation d'Origine Contrôlée)*, ein wichtiges, wenn auch nicht das einzige Qualitätskriterium. Das älteste AOC-Siegel trägt der Schafskäse Roquefort. In Roquefort-sur-Soulzon können Sie die kühlen *caves,* in denen der Käse reift, besichtigen → S. 23, 146

TYPISCH

BEST OF ...

REGEN

● **Shoppen in den Passagen von Paris**
Im 19. Jh. entstanden in Paris um die 150 überdachte Einkaufspassagen. Einige der *passages couverts* wurden vor dem Einsturz gerettet und stilgerecht restauriert. Besonders schöne Beispiele sind die *Passage des Princes* und die *Passages des Panoramas* → S. 39

● **Marktbummel**
Der *Marché Couvert* von Metz liegt gleich neben der Kathedrale mit den wunderbaren Chagall-Fenstern. Schlendern Sie um die Mittagszeit durch die Halle und atmen Sie den intensiven Duft nach frischen Landprodukten tief ein → S. 65

● **Chenonceau – Schloss der Frauen**
Nicht nur bei Regenwetter einen Besuch wert: das prächtig eingerichtete Schloss gehört zu den meistbesuchten Frankreichs und nimmt Sie mit auf eine Reise in vergangene Zeiten → S. 56

● **Auf den Spuren der Impressionisten**
Erwischen Sie in Le Havre einen grauen Tag mit Wolken über der Stadt, so finden Sie Trost im wörtlich und künstlerisch lichtdurchfluteten *Musée des Beaux-Arts André Malraux* an der Uferpromenade → S. 74

● **Unterirdische Keller**
Steigen Sie vom Untergeschoss des Touristikbüros mit einem *guide* in die grandiose Unterwelt von Arras hinab. Auf 60 km winden sich jahrhundertealte Kalksteingänge (Foto) → S. 76

● **In Lyon durchs Labyrinth wandern**
Im Viertel Croix-Rousse können Sie trockenen Fußes durch die *traboules* wandern und sich mit Vergnügen verlaufen. Die engen Passagen und Gänge von Lyon dienten Stoffhändlern als Transportwege und Résistance-Kämpfern als Geheimgänge → S. 132

ENTSPANNT ZURÜCKLEHNEN
Durchatmen, genießen und verwöhnen lassen

● **Atemberaubender Ausblick auf Paris**
Der Eiffelturm ist ein Muss für Paris-Besucher. Hinterher möchte man sich ausruhen, dafür eignet sich die *Bar à Champagne* auf der obersten Plattform. Windgeschützt können Sie hier den Blick vom Eiffelturm genießen und weitere Highlights planen → S. 35

● **In Vichy ein Kurhotel beziehen**
Umrahmt von der alten Bäderarchitektur von Vichy lässt es sich geruhsam kuren. Das einst bedeutendste Heilbad Frankreichs bietet neben dem guten Thermalwasser auch ein französisches Sprachbad, denn in der Auvergne entspannen vor allem Einheimische → S. 52

● **Oase der Ruhe**
Picknick, Party oder gar Grillfeste sind in öffentlichen Gärten und Parks verboten, viele sind von Mauern umsäumt und werden abends abgeschlossen. Der Vorteil: Sie können ungestört die Natur genießen. Das gilt auch im Sonnengarten von Loireschloss *Villandry* → S. 57

● **Wellness für den Gaumen**
Nicht nur in den Septembertagen der Braderie von Lille lohnt es sich, hier einzukehren. Die gemütliche Brasserie *Aux Moules 1930* in Lille bietet leckere typisch flämische Gerichte in entspannter Atmosphäre → S. 75

● **Im Hausboot über den Canal du Midi gleiten**
Frankreich lässt sich auch von Wasserwegen aus entdecken. Hausboot-Ferien auf französischen Flüssen und Kanälen sind aus mehreren Gründen attraktiv: Sie bieten Erholung vom Tagesstress, Abwechslung durch wechselnde Ziele, Unabhängigkeit und Abenteuer für Kapitäne auf Zeit (Foto) → S. 149

● **Sonnenuntergang**
Lassen Sie die abendliche Hafenatmosphäre in der ältesten Stadt Frankreichs auf sich einwirken, während Sie ganz entspannt in der *Bar de la Marine* sitzen, einen Aperitif genießen und den Sonnenuntergang beobachten → S. 135

AUFTAKT

ENTDECKEN SIE FRANKREICH!

Das Glück wohnt in Frankreich. Es gibt wohl kein anderes europäisches Land, dessen Natur und Kultur so vielfältige Möglichkeiten bieten, abwechslungsreiche und erholsame Ferien zu verbringen. Kaum ein Urlaubswunsch, der nicht erfüllbar wäre: Mittelmeerstrände mit mondänen Seebädern, Atlantikküsten mit kilometerlangen Sandstränden, steilen Felswänden und würziger Salinenluft. Gebirge mit einsamen Wanderwegen und weitläufigen Skigebieten, tiefe Schluchten, sanfte Hügelketten und liebliche Ebenen, versteckte Dörfer an gemächlich plätschernden Flüsschen, breite Ströme und rauschende Wildbäche.

Die Aufzählung ließe sich endlos fortsetzen: bläulich-violett schimmernde Lavendelfelder, römische Arenen und Aquädukte. Prächtige Königsschlösser, phantasievoll gepflegte Parkanlagen, etwa 200 Kathedralen, bedeutende Kunstschätze in Museen. Pulsierende Ballungsräume, quirlige Regionalstädte, beschauliche Provinzorte – und natürlich Paris, glanzvolle Metropole der Mode, der Kunst, der Gastronomie. Keine Reise nach Frankreich gleicht der anderen, was lässt sich nicht alles unter-

Bild: Mont-Saint-Michel

Frankreich ist noch immer stark ländlich geprägt, davon zeugen viele kleine Dörfer

nehmen und entdecken! Städtetrip nach Paris, Bordeaux, Marseille, Toulouse, Lille oder Lyon? Skiurlaub im Schatten des Mont Blanc? Badeferien an der Côte d'Azur, auf der Île de Ré, in einem Seebad der Normandie? Wellenreiten bei Arcachon? Wandern in den Pyrenäen oder Cevennen? Reiten in der Camargue? Radtouren im Tal der Drôme? Abenteuerliches Rafting in der Ardèche? Hausbootfahren auf dem Canal de Bourgogne? Shoppen in Nizza? Malen in Le Havre wie die Impressionisten? Nach Lourdes pilgern? Studententrubel in Aix-en-Provence oder Montpellier mitmachen? Alles ist möglich.

Keine Reise nach Frankreich gleicht der anderen

Für welche Form Urlaub Sie sich auch entscheiden, überall in Frankreich begegnen Sie Menschen, die das Leben zu genießen verstehen und ihrem grauen Alltag mit einfachen Mitteln eine sinnliche Note abringen. Es ist diese Leichtigkeit des Seins,

Bis 8000 v. Chr.
Ende der Altsteinzeit; bedeutende Höhlenmalereien entstehen in Südwestfrankreich

58–52 v. Chr.
Julius Cäsar erobert Gallien und teilt es in römische Provinzen ein

481–751 n. Chr.
Herrschaft der Merowingerkönige

751–987
Herrschaft der Karolingerkönige

1226–70
Unter Ludwig IX., genannt der Heilige, wird Frankreich zum größten Königreich Europas

die den Franzosen den weltweit übereinstimmenden Ruf des Savoir-vivre verschafft hat. Der Begriff bezeichnet eigentlich eine Art Knigge, denn die Franzosen legen großen Wert auf gute

Savoir-vivre: Leben wie Gott in Frankreich

Umgangsformen, Höflichkeit, passendes Outfit, Tischkultur, gepflegte Sprache und andere Benimm-Regeln. Im internationalen Image Frankreichs als attraktivem Reiseland wandelte sich jedoch die Bedeutung des Savoir-vivre: Gemeint ist die Kunst des Well-Being, im Sinn des sprichwörtlichen Lebens „wie Gott in Frankreich", und zwar keinesfalls beschränkt auf Haute-Cuisine, schmackhafte Weine und brodelndes Nachtleben.

Frankreich ist nicht nur weltweit das beliebteste Touristenland, selbst die Einwohner zieht es selten in die Ferne: Fast 80 Prozent der Inländer verbringen Sommerferien und Kurzurlaube im eigenen Land. Das Gebiet Frankreichs umfasst 551 000 km^2,

darin leben 61 Mio. Menschen. Sandige und felsige Küsten säumen die Meere auf rund 3400 km, die alpine Gebirgskette erhebt sich bis zu 4808 m auf die MontBlanc-Spitze. Die Loire ist mit 1012 km der längste Fluss des Landes.

Wildpferde in der Camargue

„Paris ist Frankreich", sagte schon Goethe. Die Metropole an der Seine bildet den Mittelpunkt des zentralistisch organisierten Staats. Hier treffen sich alle Verkehrsadern, hier sitzen die meisten Konzerne und Unternehmen sowie die Verwaltung. Bedeutende Monumente und Sehenswürdigkeiten drängen sich auf engem Raum.

Auch im 21. Jh. bleibt Paris der Nabel des politischen, wirtschaftlichen und kulturellen Geschehens. Dennoch haben

1337–1453 Hundertjähriger Krieg gegen England

1562–98 Religionskriege zwischen Katholiken und Protestanten

1598 Edikt von Nantes mit Religionsfreiheit und Bürgerrechten für Hugenotten

1685 Ludwig XIV. hebt das Edikt auf, Verfolgungen und Massenflucht von Protestanten

1789–99 Französische Revolution

1804 Napoleon lässt sich zum Kaiser krönen

andere Großstädte aufgeholt. Marseille ist längst nicht mehr der gefährliche Immi-grantenslum, sondern eine attraktive, sehenswerte Metropole. Lyon und Bordeaux punkten wirtschaftlich mit Hightech und Biochemie, kulturell mit Kunst und Archi-tektur. Auch Toulouse, Nizza, Straßburg und Lille gehören zu den Aufsteigern *en province,* wie die Pariser abschätzig alles außerhalb ihres urbanen Umfelds nennen. Innenstädte wurden nach und

> **Marseille ist eine at-traktive, sehenswerte Metropole**

nach restauriert, modernisiert und mit auffallenden Neubauten ausgestattet. Das öffentliche Verkehrsnetz wurde erheblich erweitert. Der Hochgeschwindigkeitszug TGV rast seit dem Jahreswechsel 2011/12 mit 320 km/h über die Schienen der Ach-se Rhein-Rhône durch Elsass, Franche Comté und Burgund. Die nächste Generation des TGV, die Süddeutschland mit Ostfrankreich und südlichem Midi verbinden soll, wird es gerade deutschen Touristen erlauben, noch rascher ans französische Ziel der Wahl zu gelangen. Die schnelleren Anbindungen erlauben es jungen Familien und karriereverwöhnten Paaren mittlerweile, der Megalopolis Paris oder anderen Ballungsräumen den Rücken zu kehren und aufs Land zu ziehen. Denn nicht nur die 86 Mio. Touristen, die jährlich Frankreich aufsuchen, schätzen den beschaulichen Lebensrhythmus ländlicher Provinz. Die Ruhe einer gewachsenen dörflichen Gemein-schaft in der Franche-Comté, die Gelassenheit eines provenzalischen Olivenbauern, das authentische Ambiente eines Trüffelmarktes im Périgord reizen auch Einheimi-sche. Junge Leute übernehmen verwaiste Bauernhöfe oder renovieren alte Villen, um dort Gästehäuser zu eröffnen.

Südfrankreich mit seinem warmen Klima und landschaftlichen Gegensätzen gehört zu den reizvollsten Gegenden des Landes: im Osten die Alpen, im Südosten das azurblaue Mittelmeer, im Südwesten die Pyrenäen und die windumtoste Atlantikküste, die dank ihrer Wellenbrecher an langen Stränden ein internationaler Hotspot für Surfer ist. In der Gegend von Bordeaux, im Burgund, Elsass und in der Champagne ziehen sich die Weinstöcke in strengen Linien die Hügel entlang bis zum Horizont, ein Panorama, angesichts dessen einem das Herz aufgeht, vor allem im Herbst, wenn sich die Wein-blätter rötlich färben. Immer grün dagegen sind im Nordwesten die Weideflächen der Bretagne und der Normandie sowie die nördlichen Ebenen der Picardie, des französi-schen Flanderns und im Artois, wo der Himmel sich weit über das Flachland zieht.

1852–70
Zweite Republik und zweites Kaiserreich unter Napoleon III.

1870–1914
Dritte Republik

1914–18
Erster Weltkrieg. Die West-front verläuft durch ganz Frankreich, verlustreicher Stellungskrieg

1940–44
Deutsche Besetzung Frank-reichs, Vichy-Regierung; Général de Gaulle führt den Widerstand von England aus

1944
Landung der Alliierten in der Normandie

Gläserner Bau – für gläserne Abgeordnete?: Europäisches Parlament in Straßburg

Im Sommer finden allerorten regionale Volksfeste statt, *fêtes votives.* Am nationalen Tag der *Fête de la Musique* zu Ehren des Sommeranfangs am 21. Juni singt und tanzt das ganze Land. Am grünen Tisch des Pariser Kulturministeriums wurde die Tradition eines nationalen Gartentags unter dem Motto *Rendez-vous aux jardins* geboren: Die ersten Junitage verbringt man daher vorzugsweise in Parks, Landschafts-, Blumen- und Nutzgärten. Ein anderes wichtiges Datum ist der dritte Donnerstag im November, wenn der Fassanstich des jungen Rotweins Beaujolais Primeur stattfindet. Frankreichs erfolgreichster Exportschlager sorgt dafür, dass die Winzer 25 Mio. Flaschen des frisch gekelterten Beaujolais in alle Welt verkaufen.

> **Am 21. Juni singt und tanzt das ganze Land**

Egal, wie oft Sie Frankreich besuchen, Sie werden garantiert immer Neues entdecken in diesem reichen europäischen Land.

1946–58
Vierte Republik

1958
Fünfte Republik unter Präsident Charles de Gaulle

1981–95
Nach Georges Pompidou und Valéry Giscard d'Estaing wird François Mitterrand Präsident

1995–2007
Präsidentschaft Jacques Chiracs

2007
Nicolas Sarkozy wird zum Präsidenten gewählt

2011
Die Eurokrise zieht auch Frankreich in Mitleidenschaft

IM TREND

1 Fisch mal anders

Füße vor Hoffentlich sind Sie nicht kitzelig! Bei der Fischpediküre knabbern Dutzende kleine Fische Hautschüppchen von ihren Füßen. In Asien ist diese sanfte Art der Pediküre bereits der Renner. Jetzt setzen auch die Französinnen darauf. In Paris geht es zu Rufa Fish *(3, rue des Fossés St-Jacques, www.rufafishspa.com, Foto)*. Auch bei Michel-Éric warten die Tiere in großen Becken auf Kunden *(39, rue Madeleine-Michelis, Neuilly-sur-Seine)*. Und nahe Lille übernehmen sie im *Zen Fish Spa* die Arbeit *(41, rue du Capitaine Lheureux, Sainghin-en-Weppes, www. zen-fish-spa.fr)*.

Welcome back

2

Chanson Zaza Fournier überzeugt mit rauchiger Stimme und Akkordeon die junge Generation vom Chanson *(www.myspace.com/zazafournier, Foto)*. Claire Denamur würzt die Musik mit einer extra Prise Folk und Jazz *(www.clairedenamur.com)*. Wer die neue Riege der Songwriterinnen live sehen will, geht in Brest ins *La Carène (30, rue Jean Marie Le Bris, www. lacarene.fr)* oder ins Pariser *La Boule Noire (120, boulevard Rochechouart, www.laboule-noire.fr)*.

3 Rasant

Skijöring Frankreichs Wintersportler zieht es nicht auf die Gipfel. Sie lassen sich lieber ziehen – von Pferden, Schlittenhunden oder einem Schneemobil. Skijöring ist Trend in den Skigebieten und immer mehr Rennen werden organisiert. Beispielsweise in *Les Sybelles (www.les-sybelles.com)* und *Serre Chevalier (www.serre-chevalier.com)*. Populär ist auch Les Arcs *(www.lesarcs.com)*, denn hier finden die französischen Meisterschaften in dieser Sportart statt *(www.skijoering.com)*.

Traumhafte Schlafstätten

Wie man sich bettet Frankreichs Hotels haben mehr zu bieten als nur Bett und Bad. Auch die Schlafgelegenheit darf ein wenig ausgefallen sein. Im Park des *Château d'Uzer* können Sie in einem wunderschön hergerichteten Waggon übernachten *(Le Château, Uzer, www. chateau-uzer.com)*. Die Parkanlage reicht Ihnen zum glücklich sein noch nicht? Dann schlagen Sie Ihr Lager doch im Baumhaushotel in *Signy l'Abbaye* auf. Das *Le Chêne Perche* liegt in den Wipfeln der namensgebenden Eichen und wilden Kirschbäume *(Domaine de la Vénerie, www.lecheneperche.com)*. Am Boden geblieben ist das *La Parare*. Das Gemäuer aus dem 18. Jh. wirkt von außen provencalisch-rustikal, drinnen geht es herrlich modern zu *(67, calade du Pastre, Chateauneuf Villevieille, www.laparare.com, Foto)*.

Zubeißen erlaubt

Healthy Fast Food Hier können Sie ohne schlechtes Gewissen zubeißen. Bei *Bert's* sind die Verpackungen ökologisch abbaubar, das Interieur ist superchic und das Fast Food wurde nach aktuellen Ernährungsempfehlungen entwickelt. Vorbildlich *(z.B. 14, rue Daunou, Paris, www.berts.com, Foto)*! In Frankreich ist die Bio-Cafékette *Cozna Vera (www.coznavera.eu)* mit ihren rustikalen Filialen noch ein Newcomer. Der setzt aber auch etablierte Unternehmen wie *McDonald's* ganz schön unter Druck. Mit dem Erfolg, dass auch das Imbiss-Urgestein eine „Salat-Filiale" in Paris eröffnet hat. *McCafé & Salade Live* unterscheidet sich nicht nur optisch von anderen Filialen – hier gibt es Grünzeug statt Fritten *(4, Place de la Défense, www. mccafelive.com)*.

STICHWORTE

ARCHITEKTUR

Macht und Architektur gehen in Frankreich Hand in Hand. Es gehört zum guten Ton eines Regenten, sich in Bauwerken zu verewigen. Angefangen hat damit bereits Kaiser Augustus (43 v. Chr.–14 n. Chr.). In Nîmes und an anderen Orten im Süden Frankreichs ließ der Herrscher des römischen Reichs Tempel, Thermen und Arenen errichten. Später machten es ihm die kirchlichen Regenten nach. Ihnen verdankt das Land eine große Anzahl an romanischen Kirchen, allen voran Cluny und die Basilika Saint-Sernin in Toulouse, und später Meisterwerke der Gotik, wie Saint-Denis, Reims und Chartres. Innerhalb von 500 Jahren wurden 141 gotische Kathedralen in Frankreich errichtet.

Der gotische Stil mit seinen Spitzbögen hielt sich bis ins 16. Jh. hinein, um dann von einem regelrechten Bauboom im Stil der Renaissance abgelöst zu werden. Die Schlösser an der Loire wie Azay-le-Rideau oder Chambord, später Fontainebleau, überboten sich gegenseitig an Pracht und Ausstattung. Doch es ging noch monumentaler: Im Klassizismus schuf Ludwig XIV. mit Versailles ein Bauwerk, dass alle anderen Schlösser in den Schatten stellte.

Im 18. Jh. entstanden vor allem Stadthäuser, unter der napoleonischen Herrschaft ziemlich verschnörkelte Empire- und später Rokokobauten. Mit der Dritten Republik übernahmen vom Volk gewählte Präsidenten das architektonische Zepter. Präsident Georges Pompi-

Bild: Paris, Bibliothèque François Mitterrand

auditoriums
expositions
salles de lecture

entrée EST

Frankreich zwischen Historie und Moderne – was die Nation bewegt, was sie ausmacht, was sie diskutiert

dou initiierte das nach ihm benannte Kunstzentrum, und François Mitterrand war in seiner Bauwut kaum noch zu bremsen. Er ließ die besten Architekten der Welt nach Paris einfliegen: Der Chinese Ieho Ming Pei errichtete die Pyramide im Louvre, der Lateinamerikaner Carlos Ott die neue Oper, der Däne Johann Otto von Spreckelsen die *Grande Arche de la Défense,* um nur einige zu nennen. Mitterrands Nachfolger Jacques Chirac begnügte sich damit, das Musée du Quai Branly von Jean Nouvel zu vollenden. Nicolas Sarkozy seinerseits hat hochfliegende Pläne für eine Welthauptstadt *Grand Paris.*

B ANLIEUE

Der Begriff, der wörtlich übersetzt „Ort des Banns" bedeutet, bezeichnet die armen Vorstädte in Frankreich. Die Entstehung dieser *quartiers sensibles* setzte in den 1950er-Jahren ein, als Frankreich peu à peu seine nordafrikanischen Kolonien verlor und die vertriebenen Franzosen zurück ins Heimatland strömten. Zu ihnen gesellten sich dann später, in den 1970er-Jahren, viele Immigranten. Frankreich hat die höchste Gesamtzahl an Einwanderern in Europa – etwa 5 Mio. Menschen kamen seit 1948 ins Land. Um der heranströmenden Bevölkerung Herr zu werden, zogen die Großstadtverwaltungen im Umkreis massenweise Sozialwohnungen in Plattenbauweise hoch, was zu einer Gettoisierung der Vorstädte führte. Zu trauriger Berühmtheit gelangten die Banlieues, als es im Oktober 2005, bedingt durch den Tod zweier Jugendlicher, die vor der Polizei auf ein Starkstromgelände geflohen waren, zu Unruhen kam. Über Wochen hinweg brannten Autos in den Vorstädten; vor allem die jugendliche Bevölkerung lieferte sich einen erbitterten Kampf mit den Ordnungshütern. Die Ausschreitungen waren die schlimmsten seit den Studentenunruhen im Jahr 1968. An der prekären Lage der Banlieuebewohner, die allein wegen ihrer „schlechten" Adresse oft keinen Job bekommen und damit keine Zukunftschancen haben, hat sich dadurch jedoch kaum etwas geändert.

B EVÖLKERUNG

Frankreich hat seine Bevölkerung in zwei Jahrhunderten verdoppelt. 64,6 Mio. zählt die Nation (einschließlich der Regionen in Übersee). Nach Deutschland hat Frankreich damit die zweithöchste Einwohnerzahl in der EU (13 Prozent). Die Lebenserwartung liegt bei 84,5 Jahren für Frauen und bei 77,8 Jahren für Männer (in Deutschland 82,5 und 77,3). Mit einer Geburtenrate von 2 Kindern pro Frau liegt das Land mit Irland und Großbritannien an der Spitze. 53 Prozent der Kinder werden nichtehelich geboren. Im Land der *liberté* entscheiden sich viele für eine eingetragene Lebenspartnerschaft, die im Gegensatz zu Deutschland seit 1999 auch für hetero-

sexuelle Paare erlaubt ist. Der „zivile Solidaritätspakt" PACS als dritter Weg zwischen Ehe und freier Liebe ist bei jungen Paaren so beliebt geworden, dass mittlerweile auf drei Hochzeiten zwei frisch „gepacste" Paare kommen. PACS-Partner sind Eheleuten weitgehend gleichgestellt, sie können sogar Familienrabatte in Anspruch nehmen. Eine Trennung geht rasch: Die gesetzliche Kündigungsfrist von drei Monaten kommt der Auflösung eines Mietvertrags gleich.

D OM-ROM & FRANKOFONIE

Vier französische Überseegebiete aus ehemaliger Kolonialzeit genießen seit 1946 den Status von Départements: Guadeloupe, Französisch-Guayana, Martinique, La Réunion. 2011 feierte Frankreich mit der Komoreninsel Mayotte die Aufnahme des 101. Départements. Die

Schon die Griechen nannten Korsika „die Schöne"; den Beinamen trägt die Insel noch heute

Überseeregionen werden von den abkürzungsfreudigen Franzosen liebevoll und stolz DOM-ROM genannt: *Départements et Régions Outre-Mer.* Etwa 160 bis 200 Mio. Menschen in der Welt sprechen Französisch als Mutter- oder Alltagssprache, nur 44 Prozent davon leben in Europa, vor allem in Frankreich, Belgien, Luxemburg und der Schweiz, 46 Prozent in Afrika, vor allem in den Maghreb-Staaten, aber auch südlich der Sahara. In vielen internationalen Organisationen wie Uno, Unesco, Europarat ist Französisch eine der Arbeitssprachen, der Europäische Gerichtshof verhandelt ausschließlich *en français.* In Deutschland dagegen sinkt das Interesse: Nur noch 2 Prozent der Deutschen können fließend Französisch sprechen. 19 Prozent der Schüler erlernen die Sprache des westlichen Nachbarn, wobei der bilinguale Unterricht beliebter wird.

KORSIKA

Eine gewisse Sonderstellung nimmt auch die Insel Korsika (300 000 Ew.) ein. Die „Insel der Schönheit", wie sie gern genannt wird, ist das viertgrößte Eiland im Mittelmeer. Sie verfügt über 1000 km Küste, schneeweiße Strände, raues Gebirge, pittoreske Orte und einen der schwierigsten Wanderwege des Landes, den berühmten GR 20. Die Bewohner sind stolz, fühlen sich nicht als Franzosen, sondern als Korsen. Unabhängigkeitsbestrebungen gab es immer, inzwischen ist es aber um die separatistische Bewegung FLNC recht ruhig geworden. Die Insel ist in zwei Departements verwaltungstechnisch aufgeteilt: Ajaccio, die Geburtsstadt Napoleons, ist Hauptstadt von Corse-du-Sud und Bastia, die Business-Zentrale der Insel, die Hauptstadt von Haute-Corse. Über die Insel informiert ausführlich der MARCO POLO Band „Korsika".

MODE

Die Mode- und Textilindustrie hat in Frankreich immer eine große Rolle gespielt. Bayeux ist für seine Spitze, Lyon für seine Seide bekannt. Zentrum der Mode ist jedoch heute wie früher Paris. Hier erfand der Engländer Charles Frederick zen gegliedert. Damals entstand eine neue Verwaltungsstruktur mit heute 96 *Départements*. Die Provinznamen der vorrevolutionären Monarchie überlebten teilweise in den Regionen – zum Beispiel Aquitanien, Auvergne, Bretagne, Burgund, Elsass oder Lothringen. Sie

In den Kellereien der Champagnerhersteller reifen und lagern viele Millionen Flaschen

Worth 1857 die Haute Couture, aus der in den 1960er-Jahren die Prêt-à-Porter-Mode hervorging. Viele altehrwürdige Unternehmen wie Chanel, Dior oder Givenchy geben noch heute den Ton an. In den vergangenen Jahren schafften es auch in Vergessenheit geratene Firmen wie Lanvin, Balenciaga oder Nina Ricci durch junge Designer, an alte Erfolge anzuknüpfen.

REGIONEN

Vor der Französischen Revolution von 1789 war Frankreich in 30 Provinzen gegliedert. bieten Reisenden eine nützliche geografische Orientierung. Es gibt 22 Regionen einschließlich Korsika ohne die Überseegebiete.

Manche der beliebten Tourismusgebiete verstecken sich allerdings in Wortungetümen, so etwa die in einen Namen gepferchte Region Provence-Alpes-Côte-d'Azur. Und ganz logisch ist die Aufteilung auch nicht immer zu entschlüsseln, wie es etwa am Beispiel des Périgord zu sehen ist: Der frühere Grafschaftsname bezeichnet heute eine Landschaft, keine Region.

RELIGION

Frankreich ist ein laizistischer Staat. Das bedeutet, dass Staat und Religionsgemeinschaften vollkommen voneinander getrennt sind. Auf den Laizismus wird großen Wert gelegt, Religion ist Privatsache. Deswegen gibt es auch keine staatlichen Erhebungen über Religionszugehörigkeiten und in staatlichen Schulen keinen Religionsunterricht. Die veröffentlichen Statistiken variieren stark, jedoch geht man davon aus, dass die Mehrheit, konkret 62 Prozent, katholischen Glaubens ist. Der Islam ist zweitstärkste Religion in Frankreich.

SOMMERPAUSE

Das Jahr in Frankreich ist inoffiziell in die Zeit vor und nach der Sommerpause eingeteilt. Mitte Juli bis Mitte August ruht in den meisten Büros die Arbeit, in den Großstädten sind viele Geschäfte geschlossen. Das „normale" Leben hält erst in der ersten Septemberwoche wieder Einzug. Diese Zeit wird als *la rentrée* (die Rückkehr) bezeichnet. Das Wort orientiert sich an der Rückkehr der Schulklassen, wird inzwischen jedoch weiter gefasst. Denn parallel zur *rentrée* verschreibt sich das Land einer kulturellen Rundumerneuerung, die mit der Vorstellung neuer Filme, Bücher, Mode usw. einhergeht. In den Ferienorten an den Küsten findet diese Sommerpause nicht statt. Im Hinterland kann es jedoch passieren, dass man vor verschlossenen Restauranttüren steht.

WEIN UND AOC

Der Schlüssel zum Verstehen der französischen Weinkultur ist die ● AOC: Appellation d'Origine Contrôlée. Die französische Weinphilosophie unterscheidet sich von der deutschen, weil sie nicht nach Rebsorten (wie Riesling, Silvaner, Müller-Thurgau) als Qualitätskriterium ausgeht, sondern den *terroir,* also das Gebiet heraushebt. Das Siegel AOC steht für das Zusammenspiel von Boden, Klima und traditionelle Methoden des Weinanbaus, des speziellen savoir-faire, das den Winzern in einem AOC-Gebiet Herstellungstechniken, Höchstmengen und Sorten vorschreibt. Allein im Raum Bordeaux gibt es 37 AOCs. Rund die Hälfte der französischen Weinlese, über 350 Wein-, Cidre- und Rumsorten tragen das AOC-Siegel. Auch Champagner, Cognac und Calvados sind AOC-geprüft.

Das AOC-Prinzip gilt auch für 46 Käsesorten und andere Lebensmittel, zum Beispiel das *Poulet de Bresse,* ein hochwertiges Hühnchen. Der Roquefort, Schafskäse aus dem Zentralmassiv, erhielt als erster Käse 1925 das AOC-Gütesiegel. Weitere Informationen zur AOC und Hilfe bei der Weinwahl finden Sie unter *www.inao.gouv.fr* und *www. guideduvin.com.*

WIRTSCHAFT

In Frankreich waren bis vor wenigen Jahren sehr viele Großbetriebe noch in staatlicher Hand. Man sprach deshalb auch von einer gelenkten Volkswirtschaft. Jedoch wurde, wie auch in Deutschland, zunehmend privatisiert und auch dereguliert. Frankreich ist die zweitgrößte Industrienation in Europa und die fünftgrößte Wirtschafts- und Atommacht der Welt, größter Flächenstaat der EU. Das Hexagon wird weltweit von den meisten Touristen besucht (86 Mio. im Jahr 2010) und ist der zweitgrößte Exporteur von landwirtschaftlichen Produkten in die USA. Wichtige Branchen sind Lebensmittel, Automobil, Baugewerbe und Energie. Zahlenmäßig geringer, aber bedeutend im Außenhandel ist die Mode-, Parfüm- und vor allem die Luxusartikelindustrie, bei der Frankreich als wichtigster Exporteur weltweit gilt.

ESSEN & TRINKEN

L'art de vivre, die Kunst zu leben, wird in Frankreich vielfach mit der Kunst des Essens gleichgesetzt. Kein Franzose nimmt einfach nur Nahrung zu sich. Jeder Restaurantbesuch wird zelebriert, Essen ist ein Event.

Dass dies keine französische Marotte ist, hat die Unesco nun offiziell bestätigt: Sie nahm die stilbildende französische Küche ins Weltkulturerbe auf. Dementsprechend hoch sind die Ansprüche an die Köche. Doch selbst im entlegenen Dorfgasthof werden diese Erwartungen aufs Höchste erfüllt. Sehr unterschiedliche klimatische Verhältnisse, Böden und Traditionen haben eine für die jeweilige Gegend typische Spezialitätenküche hervorgebracht. Kombinieren Sie regionaltypische Weine oder andere Getränke mit lokalen Speisen – eine Garantie für kulinarisches Glück.

Viele Gasthäuser und Restaurants haben sonntags geschlossen, da an diesem Tag traditionell zu Hause in der Familie gegessen wird. Nur die Bistros haben immer geöffnet. Sie sind ein wichtiger Teil der französischen Esskultur. Hier nimmt man an der Theke einen schnellen *petit noir* (Espresso), einen *petit crème* (mittlere Tasse Kaffee mit wenig Milch) oder einen Aperitif zu sich oder isst einen Happen zwischendurch. Ein Tagesgericht *(plat du jour)* gibt es immer. Meist handelt es sich dabei um Steak mit Pommes frites und Salat oder um eine Quiche.

Eher auf hungrige Gäste sind die Brasserien eingestellt, gutbürgerliche Speiselokale, die Hausmannskost anbieten.

Bild: Café in Aix-en-Provence

Fruchtbare Böden, kulinarische Innovations-freude und geschmackliche Raffinesse begründen den Ruf der französischen Küche

Auch berühmte Küchenchefs kochten erst einmal auf kleiner, regionaler Flamme, Paul Bocuse zum Beispiel probierte seine Künste zunächst in einem **INSIDER TIPP** Lyoneser Bouchon aus, einer Arbeiter-Brasserie, die hauptsächlich Kuttelwürste oder Rindermagen servierte. Diese kleinen, rustikalen Gaststätten entstanden Anfang des 20. Jhs., als die Bourgeoisie sich ihre Köchinnen nicht mehr leisten konnte. Der Erfinder der Haute Cuisine ist sicherlich der wichtigste Botschafter der französischen Küche.

Er hat international die Restaurantkultur revolutioniert und ist noch immer einer von rund 550 französischen Sterneköchen. Mit Sternen, Kochmützen oder Bestecken ausgezeichnete Restaurants gibt es in Frankreich allerorten. Wenigstens einmal sollten Sie tiefer ins Portemonnaie greifen, um die französische Gourmetküche erlebt zu haben. Jenseits der Haute-Cuisine-Zentren Paris, Elsass, Lyon und Côte d'Azur sind diese Nobelrestaurants durchaus bezahlbar. Geschlemmt wird in Frankreich vor allem

SPEZIALITÄTEN

SPEISEN

▶ **anchoïade** – provenzalische Paste aus Sardellen, Knoblauch und Öl

▶ **andouillette** – Bratwurst aus Innereien

▶ **barquette d'huîtres à la normande** – überbackene Blätterteigschiffchen, gefüllt mit Austern, Krabben und Champignons in Buttersauce

▶ **bouillabaisse** – in Südfrankreich erhältliche, sehr reiche Fischsuppe mit gegarter Fischeinlage (mindestens drei verschiedene Fischsorten) und Gemüse als Hauptmahlzeit (Foto re.)

▶ **cassoulet** – Eintopf des Südwestens aus weißen Bohnen mit Gänse-, Enten- und anderem Fleisch (Foto li.)

▶ **confit de canard** – Entenfleisch, im eigenen Fett gekocht und eingemacht

▶ **coq au vin** – Hähnchen in mit Speck, Zwiebeln und Kräutern angereicherter, dicker Rotweinsauce

▶ **coquilles St-Jacques à la provençale** – gedünstete Jakobsmuscheln in Knoblauchbutter

▶ **croque-monsieur** – überbackener Toast mit Schinken und Käse

▶ **foie gras / gâteau de foie** – Leberpastete von Stopfenten und -gänsen

▶ **moules marinières** – Miesmuscheln in Weißweinsud

▶ **pavé de saumon** – Lachspastete in Gelee

▶ **pot au feu** – Suppentopf mit Rindfleisch, Hühnerfleisch, Gewürzen und Gemüse

▶ **quiche lorraine** – Lothringer Speckkuchen

▶ **rillettes** – Püree aus Schweinefleisch und Schweineschmalz als Baguette-Aufstrich

▶ **sauté d'agneau** – Lammragout

▶ **tapenade** – provenzalische Püreepaste aus Oliven, Kapern, Sardellen, Öl, Senf und Zitronensaft

▶ **tarte tatin** – karamellisierter, gestürzter flacher Mürbeteig-Apfelkuchen

▶ **tripes à la mode de Caen** – Kuttelgericht mit Suppengemüse

GETRÄNKE

▶ **café serré** – sehr starker Espresso

▶ **un demi** – kleines Bier (0,25 l)

▶ **infusion** – Kräutertee

▶ **noisette** – kleiner Espresso mit einem Schuss aufgeschäumter Milch

▶ **panaché** – Radler, Alsterwasser (Bier mit Limonade)

abends. Das Frühstück hat in Frankreich kaum Bedeutung und fällt mit Croissant und einer Tasse Kaffee oft recht spärlich aus. Fürs Mittagessen lassen sich die Franzosen schon mehr Zeit, auch unter der Woche. Viele Geschäftstermine finden beim *déjeuner* statt, doch über die wichtigen Dinge spricht man immer erst beim abschließenden *petit café*, niemals vorher. Das käme einem Sakrileg gleich. Ein offizielles Abendessen *(dîner)* ist dagegen ein mehrgängiges Menü. Menüs sind grundsätzlich billiger als ein Essen *à la carte* und bestehen in der Regel aus Vorspeise *(entrée)*, Hauptspeise *(plat)* und Nachspeise *(dessert)*, einem Käse, *fromage blanc* (Quark), *fruit* (Obst) oder süßem Dessert. Selbst im *Resto U,* der Universitätsmensa, und bei McDonalds wird nicht auf eine Menüfolge verzichtet. Für Wenigesser bieten inzwischen fast alle Restaurants eine Menüwahl zwischen Vorspeise mit Hauptgericht oder Hauptgericht mit Dessert an. Bei den *plats* handelt es sich um ein Fisch- oder Fleischgericht, serviert mit Gemüsebeilage (Kartoffeln zählen als *légumes,* also Gemüse).

Eine günstige Alternative zum sehr teuren Mineralwasser ist eine *caraffe d'eau*, eine offene Flasche Leitungswasser, die nichts kostet. Früher wurde sie – wie Brot – direkt auf den Tisch gestellt, inzwischen muss man sie bestellen. Für den Wein wird in Frankreich gern Geld ausgegeben. Es muss kein Grand Cru sein, aber Sie sollten sich die Probe der verschiedenen guten Tropfen nicht entgehen lassen. Viele Restaurants bieten auch **INSIDER TIPP** Weine von guter Qualität in halben Flaschen an. Biertrinker haben es gelegentlich schwer in Frankreich, das Bier ist milder – oder wässriger, je nach Ansicht. Renommiert ist das elsässische Bier, das gern zur *choucroute* serviert wird.

Gegessen wird abends meist etwas später als in Deutschland: In der Provinz ist 19–20 Uhr normal, im Süden und Paris etwas später, gegen 22 Uhr schließen fast alle Restaurantküchen außerhalb von Paris. In der Hauptstadt gibt es abends oft zwei *services,* also

Typisch Bistro: Tagesgerichte auf der Tafel

Zweischichtbetrieb. Den frühen Gästen wird mit dem Kaffee als unmissverständliches Signal die Rechnung präsentiert, weil die nächsten Esser schon warten. Es empfiehlt sich daher, den letzten *service* zu nehmen, um entspannt sitzen bleiben zu können.

EINKAUFEN

Schinken aus Bayonne, Nussöl aus Grenoble, Trüffel aus dem Périgord, Lederhandschuhe aus Millau – auf einer Reise durch Frankreich entdecken Sie immer etwas, das es bei uns zu Hause nicht gibt. Die besten regionalen Produkte finden Sie beim Bummel über die Wochenmärkte. Gute Adressen für ausgefallene, handgemachte oder nach alten Rezepten gefertigte Waren sind auch die **INSIDER TIPP** *Maisons de Produits de Pays*. Diese regional organisierten Vermarktungsgesellschaften bieten in konzentrierter Form das Sortiment der ansässigen kleinen Produktionsbetriebe und Bauernhöfe an. Die Verkaufsstätten müssen keinen Gewinn erwirtschaften und verkaufen zum Herstellerpreis.

ESS- UND TISCHKULTUR

Kristall: In den tiefen Wäldern von Lothringen verstecken sich uralte Kristallfabriken. Die älteste ist *Saint-Louis* in *Saint-Louis-lès-Bitche*, die bekannteste *Baccarat* (www.baccarat.fr) im gleichnamigen Ort. Direkt an den Kristallfabriken gibt es **INSIDER TIPP** Fabrikverkäufe für Kristallgläser und -vasen.
Messer: Das Klappmesser *Laguiole* (www. laguiolefrance.com) aus der Region Mi-

di-Pyrénées hat fast jeder in Frankreich, weil es so gut schneidet. Ein echtes Laguiole hat einen Griff aus Holz, Horn, Aluminium oder Elfenbein. Erkennungszeichen ist die Mücke am Klappmechanismus. *L'Opinel* ist die Konkurrenz zu Laguiole und kommt aus Savoyen. An der Form dieses Messers hat sich seit über 100 Jahren nichts geändert *(www.opinel.com)*.
Steingut: Fayencen und Töpferware erhalten Sie in ganz Frankreich, die schönsten kommen aus Angoulême, Oloron-Sainte-Marie, Toulouse, Quimper und der Gegend um Aubagne.

MODE UND TEXTILIEN

Designermode aus Paris: Die Kreationen der großen Modehäuser aus Paris bekommt man in allen Metropolen der Welt, doch meist nie das ganze Sortiment. Eine Tour durch die Avenue Montaigne und ein Abstecher in den Louis Vuitton Store auf den Champs Elysées lohnen deshalb allemal.
Espadrilles: Die einfachen Jute-Baumwoll-Latschen kommen aus dem Baskenland – und nie aus der Mode. Zentrum der Fabrikation ist der Ort *Mauléon*, wo sie wie ehedem gefertigt werden. Bekannte Firmen sind *Bigaya* und *Prodiso*

(www.espadrilles-mauleon.fr).

Haustextilien: Neben den bunten Textilien aus der Provence, die man auf Märkten findet, ist vor allem die Tischwäsche *Les Olivades* aus Nîmes berühmt *(www.lesolivades.fr)*.

Matrosenpullis: In der Normandie und der Bretagne hängen sie in fast allen Geschäften. Modische Modelle bekommt man bei der bretonischen Traditionsfirma *Armor Lux (www.armorlux.com)*.

MUSIK, BÜCHER, FILME

Bewahren Sie die Ferienstimmung akustisch! Die Auswahl an CDs mit Chansonklassikern ist riesig. In den 81 Filialen des Medienkonzerns FNAC findet jeder etwas, das gilt auch für Filmklassiker auf DVD.

REGIONALE LECKEREIEN

Sie sind unzählig. Hier dennoch ein paar Spezialitäten, nach Regionen sortiert:
Zentrum: Die Würste aus der Auvergne sind ein Gedicht, der Senf aus Dijon ist legendär. Nicht zu vergessen der Burgunderwein.

Osten: Die besten *macarons*, luftige Biskuithälften mit Creme, kommen aus *Nancy.* Bergamotte-Bonbons und guten Schnaps gibt es überall in Lothringen. Guten und günstigen Champagner sollten Sie nicht in den großen Häusern, sondern beim regionalen Weinbauern kaufen.

Norden/Westen: Die Normandie ist für ihren Cidre, Calvados und ihre Karamellbonbons bekannt.

Südwesten: Die beste Gänseleberpastete kommt aus dem Périgord. Einen Rundgang verdienen dort auch die Trüffelmärkte. Im Baskenland ist das scharfe Gewürz *Espelette* erhältlich und weiter nördlich natürlich Bordeauxweine.

Südosten: Gutes Olivenöl gibt es in der Provence. Besondere Spezialitäten sind die *calisson* (Marzipanplätzchen) aus Aix-en-Provence und die kandierten Früchte aus Apt.

DIE PERFEKTE ROUTE

LILLE UND PARIS

Lassen Sie Ihr Auto zu Hause, sparen Sie sich den Parkstress! Vom Bahnhof Brüssel-Midi aus bringt Sie der Eurostar in 33 Minuten ins Zentrum des französischen Flanderns, nach ❶ *Lille* → S. 74. Spazieren Sie durch das moderne Eurolille und beziehen Sie im weitläufigen Fußgängerbereich ein Hotelzimmer, z. B. in der Rue Jean Roisin hinter der Grand' Place. Der TGV fährt von Lille aus in einer Stunde zur Gare du Nord in ❷ *Paris* → S. 32. Bis 10.30 Uhr bekommen Sie in der Jugendstil-Brasserie *Terminus Nord* noch Frühstück. Ob Ihnen nach Kunstgenüssen im Louvre zumute ist oder Sie auf den Champs-Elysées spazieren wollen, hängt von Ihrer Laune und vom Wetter ab.

PAYS DE LA LOIRE

Steigen Sie an der Gare d'Austerlitz in den Zug, der Sie in 1–1,5 Stunden nach ❸ *Orléans* → S. 54 bringt. Hier mieten Sie ein Auto und fahren mit kurzen Abstechern zu den Schlössern die idyllische Strecke südlich der Loire. Teilstrecken eignen sich bis Angers gut für Radler *(www.chateauxavelo.com)*. In diesem Abschnitt folgen dicht auf dicht die namhaften Schlösser ❹ *Chambord* → S. 55, ❺ *Cheverny* → S. 50, ❻ *Blois* → S. 54, ❼ *Chenonceau* → S. 56, ❽ *Azay-le-Rideau* → S. 56 und viele andere, jeweils nur ein paar Kilometer voneinander entfernt. Lassen Sie den Mietwagen in Nantes und fahren die 350 km gemütlich mit dem Zug in knapp vier Stunden zum Bahnhof Bordeaux-St-Jean. Mit dem Auto kommen Sie am schnellsten über die A 10 und A 83 nach ❾ *Bordeaux* → S. 106 (Foto o.). Den kürzesten Badeabstecher zum Atlantik unternehmen Sie von der A 10-Ausfahrt 35 Saintes/Royan aus über die D 728 zur ❿ *Île d'Oléron* → S. 93.

VON BORDEAUX NACH TOULOUSE

Die elegante *Ville Blanche* mit Sandsteinfassaden verfügt mit der *Esplanade des Quinconces* über den weitläufigsten Platz Frankreichs und eines der weltschönsten Opernhäuser, das *Grand Théâtre.* Weiter geht es mit dem Auto: Wechseln Sie von der A 10 auf die A 89 nach Osten, bei der Ausfahrt Bergerac/Mussidan verlassen Sie die Autobahn und folgen der Beschilderung nach ⓫ *Bergerac* → S. 102. Dem Weinbaugebiet des *Périgord pourpre* entstammt der likörsüße Montbazillac. Nicht nur dieser Köstlichkeit wegen werden Sie den Abstecher ins ⓬ *Dordognetal* → S. 109 nicht bereuen. Weiter

Erleben Sie die vielfältigen Facetten Frankreichs auf einer Rundreise mit kleinen Abstechern, u. a. ins Tal der Dordogne

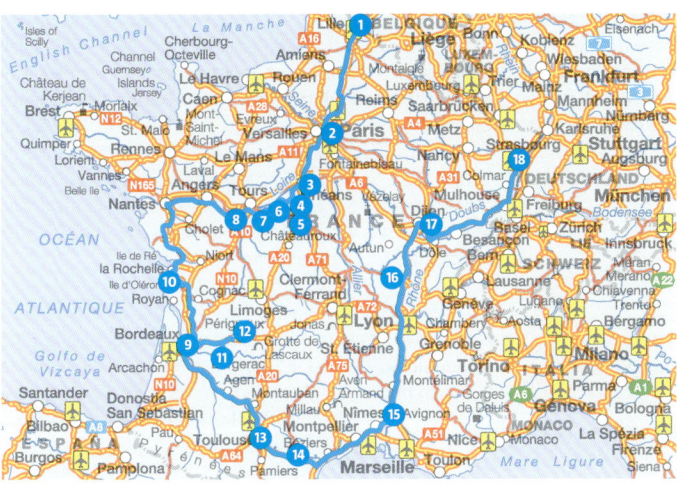

über die A 62 oder per TGV von Bordeaux-St-Jean nach Toulouse-Matabiau in zwei Stunden. ⑬ *Toulouse* → S. 115 war eine der reichsten mittelalterlichen französischen Städte und wurde von vielen Völkern und Kulturen geprägt. Nehmen Sie die A 61, stoppen für eine Kaffeepause in ⑭ *Carcassonne* → S. 129, fahren bis auf Höhe von Narbonne und halten sich dann nördlich über die A 9 nach ⑮ *Avignon* → S. 125.

AVIGNON, DIJON, STRASSBURG

Der gigantische Papstpalast und im Juli das internationale Theaterfestival geben der sonnenreichen Stadt ein besonderes Ambiente. Auf der A 7 bzw. A 6 geht es weiter. Für einen kurzen Abstecher in die einstige christlich-europäische Hochburg ⑯ *Cluny* → S. 52 verlassen Sie die A 6 bei Varennes-lès-Mâcon und folgen der N 79 bis zur Abzweigung auf die D 980.

In ⑰ *Dijon* → S. 53 (Foto li.) ist die Gemäldesammlung im *Palais des Ducs et des États de Bourgogne* bedeutend. Nehmen Sie nun die A 39 bis zur Abzweigung auf die A 36. ⑱ *Straßburg* → S. 68 ist reich an kulturellen Schätzen. Ob Fachwerkhäuser, Jugendstil oder Hightech – an Attraktionen mangelt es nicht. Hinzu kommt die erlesene elsässische Gastronomie.

2500 km. Reine Fahrzeit ca. 30 Stunden. Empfohlene Reisedauer: 10 Tage Detaillierter Routenverlauf auf dem hinteren Umschlag, im Reiseatlas sowie in der Faltkarte

PARIS

Fahren Sie mit der Linie 1 zur Metrostation **Palais-Royal (U D3)** *(⌕ d3)* und schlendern Sie zur Glaspyramide **Carrousel du Louvre (U D4)** *(⌕ d4)* *(www.carrousel dulouvre.com).* Bei Regenwetter gehen Sie hinein. Bei Sonnenschein bleiben Sie zunächst *Rive droite* und spazieren durch den **Jardin des Tuileries (U C–D 3–4)** *(⌕ c–d 3–4)* in Richtung der **Champs-Elysées (U A–C 2–3)** *(⌕ a–c 2–3).* Parkplätze gibt es an den Portes du Périphérique, von dort kommen Sie stressfrei mit öffentlichen Verkehrsmitteln in die Stadt.

KARTE IM HINTEREN UMSCHLAG
(182–183 C–D 3–4) *(⌕ K4)* **Die Hauptstadt Frankreichs (2,2 Mio. Ew.) gehört zu den meistbesuchten Orten weltweit.**

Dies hat wirtschaftliche, verwaltungspolitische und touristische Gründe. Vielen Menschen gilt sie als schönste Stadt der Welt. In der Agglomeration von Paris (12 Mio. Ew., rund 1600 *Communes*) laufen alle Verkehrsadern zusammen, hier befindet sich Europas zweitgrößter Flughafen, Charles-de-Gaulle; hier haben internationale Organisationen ihren Sitz, z. B. die Unesco und die OECD. Allein über 160 Museen gibt es in Paris. Der kulturelle Schatz und die Konzentration von Meisterwerken machen die Stadt für Kunstfreunde international zum Garten

Bild: Paris, Glaspyramide am Eingang des Louvre

Paris und die Umgebung der Hauptstadt sind das kulturelle, politische und wirtschaftliche Zentrum des Landes

Eden. Dank ihrer vielsprachigen, kulturell und religiös gemischten Einwohnerschaft ist sie lebendig, quirlig und steckt voller Überraschungen. In der Metropole drängen sich Denkmäler, Museen, architektonische Meisterwerke, Restaurants, Bars und Geschäfte. Paris hat immer Saison. Internationale Stars geben hier Gastspiele, Wirtschaftskonferenzen sind an der Tagesordnung, große Sportereignisse und Kunstausstellungen füllen jede Woche ein ganzes Buch voller Events und Kulturveranstaltungen. Die Hauptstadt der Mode lockt mit Prêt-à-Porter- und Haute-Couture-Schauen zweimal im Jahr die Fashionszene aus der ganzen Welt an. Der nicht endende Zustrom von Menschen hat aber auch seine Schattenseiten: Die Stadt erstickt im Straßenverkehr, als eine Folge davon ist die Luftverschmutzung sehr hoch. Das *Quartier Oberkampf* gehört zu den am dichtesten besiedelten Stadtteilen in ganz Europa. Das schafft Spannungen, die sich leider oft in etwas rüden Umgangsformen ausdrücken.

CHAMPS-ELYSÉES

(U A–B 2–3) (🗺 a–b 2–3)

Die Shopping- und Eventmeile von Paris zieht sich über eine Strecke von 2 km vom Arc de Triomphe bis zur Place de la Concorde hin *(5 Metrostationen Linie 1)*.

LA DÉFENSE (182 C3) (🗺 K4)

La Défense vor den Toren von Paris mit seinen zahlreichen Hochhäusern ist das vielleicht größte Geschäftsviertel Europas. Hier finden sich Perlen moderner und zeitgenössischer Architektur. Dazu gehören unter anderem das im Jahr 1958 konstruierte *Centre National des In-*

Überragendes Wahrzeichen der Hauptstadt: der Eiffelturm in Paris

Wenn Sie einen Blick in Markenhäuser wie Louis Vuitton, Guérlain, Cartier, Yves Rocher, etc. werfen möchten, sind Sie hier an der richtigen Adresse. Top-Luxusmarken wie Christian Dior, Ricci oder Versace logieren in der Querstraße *Avenue Montaigne*, die am Rond-Point auf etwa der halben Strecke abgeht *(Metro Franklin D. Roosevelt)*. Abends locken die großen Kinosäle und Theater, darunter das *Variété Lido*. Zur Parade am Nationalfeiertag und zum Abschluss der Tour de France trifft sich ganz Paris auf den Champs-Elysées. Besonders glitzernd zeigt sich die Prachtstraße in der Vorweihnachtszeit.

dustries et Techniques (CNIT) von Bernard Zherfuss und die 1989 aus Marmor, Beton und Glas erbaute ⭐ *Grande Arche* von Otto von Spreckelsen, die exakt in der Achse von Place de la Concorde und Arc de Triomphe liegt. Auf dem Dach des Gebäudes befindet sich das Informatikmuseum *Musée de l'Informatique, das* durch ein *Musée du Jeu Vidéo* erweitert wurde und den Besuchern spannende Informationen und Demonstrationen zur Geschichte des Internets und der rasanten Entwicklung der Computerspiele präsentiert. *Tgl. 10–19 Uhr | Eintritt frei, Aufzug 10 Euro | Metro La Défense, Linie 1, RER A, Tram T 2*

EIFFELTURM (TOUR EIFFEL) ★ ☼
(U A4) (📖 a4)

La Dame de fer, wie die Franzosen sagen, ist ein Muss beim ersten Parisbesuch – und ein erhabenes Erlebnis. Das berühmte Wahrzeichen der Stadt (324 m), 40 Jahre lang der höchste Turm der Welt, wurde von Gustave Eiffel (1832–1923) für die Weltausstellung 1889 erbaut. Bis zur zweiten Plattform können Sie 704 Stufen zu Fuß gehen, dann muss der sportliche Ehrgeiz ruhen, der Aufzug zur Spitze ist Pflicht. Oben fegt ein frischer Wind um die Ohren, und Paris liegt Ihnen zu Füßen, abends leuchtend. Der Glücksmoment lässt sich mit einem Glas an der ● *Bar à Champagne* verlängern *(12–22 Uhr | Rosé und Blanc 10–15 Euro)*. Nachts, immer zur vollen Stunde, glitzert der Eiffelturm *(www.tour-eiffel.fr)*. Der `INSIDER TIPP` schönste Blick auf dieses Lichtspektakel bietet sich Ihnen vom gegenüberliegenden ☼ *Trocadéro* aus. Zeitgenauer Online-Ticketkauf dringend geraten wegen der stundenlangen Wartezeiten! Vorsicht: Wer zu spät kommt, bleibt unten. Treppentickets sind nur am Schalter erhältlich. *Aufzüge/Treppe tgl. Mitte Juni–Aug. 9–0.45, sonst 9.30–23.45, Treppe bis 18.30 Uhr | Eintritt 4,50–13,10 Euro | Metro Tour Eiffel, Linie RER C*

INVALIDES (U B4) (📖 b4)

Neben dem riesigen Gebäudekomplex des von Napoleon für die Kriegsinvaliden errichteten Hôtel des Invalides, in dem heute das Armeemuseum untergebracht ist, befindet sich der wuchtige, barocke Dôme des Invalides. Unter der goldenen Kuppel fand Napoleon seine letzte Ruhestätte in einem rötlichen Porphyrsarkophag. *129, rue de Grenelle | www.invalides.org | tgl. April–Sept. 10–18, Okt.–März 10–17, Dôme Juli/Aug. bis 19 Uhr | Eintritt 9 Euro | Metro La Tour Maubourg, Linie 8, oder Metro Varenne, Linie 13*

LOUVRE ★ (U D4) (📖 d4)

Ein Tag reicht nicht, um den Louvre ganz zu besichtigen. Das größte Museum der

---

★ Eiffelturm (Tour Eiffel)
Ob nah oder fern – *la Dame de fer* zeigt sich von ihrer besten Seite → S. 35

★ Louvre
Das größte und wohl auch schönste Museum der Welt → S. 35

★ Musée du Quai Branly
Ein Museumsneubau für die Kunst Afrikas → S. 37

★ Sainte-Chapelle
Das Licht in der Kapelle ist magisch, mysteriös und meditativ → S. 38

★ Grande Arche
Mit diesem Bauwerk krönte Frankreichs Ex-Präsident François Mitterrand seine reiche Architekturhinterlassenschaft → S. 34

★ Vaux-le-Vicomte
Das Château war Vorbild für das Schloss von Versailles – und es ist ein Meisterwerk des 17. Jhs. → S. 43

★ Versailles
Der renovierte Spiegelsaal des berühmten Schlosses erstrahlt seit einiger Zeit in neuem Glanz → S. 43

MARCO POLO HIGHLIGHTS

Welt gliedert sich in acht Abteilungen, in denen auf einer Fläche von 60 600 m^2 etwa 35 000 Werke gezeigt werden. Die meisten Erstbesucher konzentrieren sich angesichts dieser Fülle auf die italienische Renaissance mit Leonardo da Vincis „Mona Lisa" im *Salle des Etats,* sowie die Meisterwerke der französischen Malerei im Flügel Sully. *Cour Napoléon | www.louvre.fr | Sa–Mo und Do 9–18, Mi und Fr 9–22 Uhr | Eintritt 10 Euro, Audioguide 6 Euro | Metro Louvre-Rivoli, Linie 1*

MARAIS (U F4) (⊞ f4)

Das einstige Sumpfgebiet wurde im 12. Jh. trockengelegt und von der Aristokratie herrschaftlich bebaut. Das Viertel gilt bis heute als Pariser Zentrum des jüdischen Lebens, man sieht viele orthodoxe Juden. Das Marais ist ein angesagtes Szeneviertel. Zahlreiche Boutiquen, Restaurants und Bars beleben das Viertel, dessen Herz an der viereckigen und von Arkaden begrenzten *Place des Voges* schlägt. Im Marais gibt es zahlreiche schöne Stadtpalais, wie das stadtgeschichtliche Museum *Hôtel Carna-* *valet (23, rue de Sévigné | Di–So 10–18 Uhr)* und das *Hôtel de Sully (62, rue St-Antoine),* in dem sich heute ein Ableger des Museums für zeitgenössische Kunst *Jeu de Paume (www.jeudepaume.org)* befindet. *Metro St-Paul, Linie 1*

MONTMARTRE (U D–E1) (⊞ d–e1)

Das Viertel auf dem höchsten Pariser Hügel hat sich seinen dörflichen Charme erhalten und ist genau deswegen das Ziel vieler nostalgieverliebter Touristen, die auf den Spuren von berühmten Malern wie Pablo Picasso, Paul Gauguin, Henri Rousseau, Maurice Utrillo oder Amedeo Modigliani wandeln wollen. Noch heute tummeln sich auf der *Place du Tertre* jede Menge Straßenkünstler. Die Geschichte des Viertels und der Pariser Bohème und Vergnügungsszene des 19. Jh. veranschaulicht das *Musée de Montmartre* gleich um die Ecke *(12, rue Cortot | www.museedemontmartre.fr | Di–So 11–18 Uhr | Eintritt 8 Euro)* Auf keinen Fall sollten Sie den Aufstieg zur Kirche ☀ *Sacré-Cœur* verpassen! Die schneeweiße, im römisch-byzantinischen

Im Einkaufsparadies Marais sind die Läden auch sonntags geöffnet

Stil erbaute Basilika ist nicht nur selbst einen Besuch wert, sondern bietet auch einen der schönsten Blicke über die Stadt. *Metro Anvers, Linie 2*

MUSÉE D'ART MODERNE DE LA VILLE DE PARIS (MAM) (U A3) (*a3*)

Das Museum für moderne Kunst enthält einen *Parcours Historique*, mit Werken des Kubismus, Postkubismus, Orphismus, und einen *Parcours Contemporain* mit zeitgenössischer Kunst. Das Herzstück des Museums, die Freske **INSIDER TIPP** „La Fée Electricité" von Raoul Dufy, soll das größte Gemälde der Welt sein. *11, avenue du Président Wilson | www.mam.paris.fr | Di und Do–So 10–18, Mi 10–22 Uhr | Eintritt frei | Metro Iéna, Linie 9*

MUSÉE D'ORSAY (U C4) (*c4*)

In dem in einem umgebauten Bahnhof untergebrachten Museum wetteifern Kunst und Architektur um die Aufmerksamkeit der Besucher. Die filigrane Schönheit des Gebäudes passt zum Ausstellungsschwerpunkt Impressionismus. Das Museum ist ein Höhepunkt für jeden, der sich für die Belle-Époque bis 1914 begeistert. *1, rue de la Légion d'Honneur | www.musee-orsay.fr | Di, Mi und Fr–So 9.30–18, Do 9–21.45 Uhr | Eintritt 8 Euro | Metro Musée d'Orsay, Linie RER C*

MUSÉE DU QUAI BRANLY ★
(182 C4) (*K4*)

Hier bekam die Kunst Afrikas, Amerikas, Ozeaniens und Asiens eine neue Heimat in Paris. Das Mammutprojekt in der Nähe des Eiffelturms, das der Architekt Jean Nouvel direkt ans Ufer der Seine baute, beherbergt 300 000 Objekte. *37, quai Branly | www.quaibranly.fr | Di/Mi und So 11–19, Do–Sa 11–21 Uhr | Eintritt 8,50 Euro | Metro Pont de l'Alma, Linie RER C*

Großer Bahnhof für Kunst: Musée d'Orsay

NOTRE-DAME (U E5) (*e5*)

Die Kathedrale liegt im Herzen von Paris, auf der Île de la Cité. Den besten Blick auf das architektonische Juwel haben Sie vom ❄ *Quai de la Tournelle* aus. Erbaut von 1163 bis 1300, ist sie innen wie außen sehenswert. Ein besonderes Augenmerk verdienen die Fassade beim Haupteingang mit dem reich verzierten Portal, der Chorbereich und die schönen Glasfenster. Vom ❄ Turm aus bekommen Sie einen guten Überblick über die Innenstadt. *Place du Parvis-Notre-Dame, Place Jean-Paul II | www.notredamedeparis.fr |*

tgl. 8–18.45, Turmbesteigung April–Sept. 10–18.30, Mai–Aug. Sa/So bis 23, Okt.– März 10–17.30 Uhr | Eintritt 8 Euro | Metro Cité oder St-Michel, Linie 4

RIVE GAUCHE (U D–F 4–5) (🕮 d–f 4–5)

Das linke Ufer der Seine ging in die Geschichte ein als das Viertel der Intellektuellen. Die Universität *Sorbonne* ist dort beheimatet, Ende des 19. Jhs. siedelten sich Buchverlage an, in den 1950er-Jahren zog die Existenzialisten- und Künstlerszene nach Saint-Germain-des-Prés. Das Viertel bildet heute zusammen mit dem *Quartier Latin* und dem 7. Arrondissement die teuerste Wohngegend von Paris. Nicht verpassen sollten Sie den Kuppelbau der Kirche *Panthéon* und die Kirche *Saint-Sulpice*. *Metro St-Sulpice, Linie 4.* Im *Jardin du Luxembourg* (17. Jh.)

können Sie royale Gartenkunst bewundern. Im Palais tagt der französische Senat. *Nur bis Sonnenuntergang, Metro Luxembourg, Linie RER B*

SAINTE-CHAPELLE ⭐ (U E4) (🕮 e4)

Die Palastkapelle der ehemaligen königlichen Residenz ist ein verstecktes Kleinod. Erbaut im 13. Jh. von Ludwig IX., dem Heiligen, gilt sie als Meisterwerk der Gotik. Der untere Teil der Kapelle selbst ist nur 7 m hoch. Der obere Teil besticht mit den ältesten Fenstern von ganz Paris, die das Innere in ein unwirkliches Licht tauchen. *4, boulevard du Palais | www.sainte-chapelle.monuments-nationaux.fr | März–Okt. 9.30–18, Mitte Mai–Mitte Sept. bis 21, Nov.–Feb. 9–13 und 14.15–17 Uhr, bei Temperaturen unter dem Gefrierpunkt geschl. | Eintritt 8 Euro | Metro Cité, Linie 4*

ESSEN & TRINKEN

LE CLOS DES GOURMETS

(U A–B4) (🕮 a–b4)

Kleines, aber äußerst feines Restaurant im Louis-XVI-Stil mit raffinierter Küche aus besten Zutaten. *16, avenue Rapp | Tel. 01 45 51 75 61 | www.closdesgourmets.com | So/Mo geschl. | RER Pont de l'Alma, Linie C | €€€*

LA COUPOLE (U D6) (🕮 d6)

Die legendäre Brasserie ist immer noch ein Hit für Parisbesucher. Lecker: das Lammcurry. *118, boulevard du Montparnasse | Tel. 01 43 20 14 20 | www.lacoupoleparis.com | kein Ruhetag | Metro Vavin, Linie 4 | €€*

AUX LYONNAIS (U E3) (🕮 e3)

Ein Bistro, wie man es in Paris erwartet: mit Stuck, Kacheln und deftiger Küche. *32, rue St-Marc | Tel. 01 42 96 65 04 | www.auxlyonnais.com | Sa mittags und*

So/Mo geschl. | Metro Richelieu-Drouot, Linie 8, 9 | €€

AU PÈRE TRANQUILLE (U E4) *(⋔ e4)*
Große, urtümliche Bistrobrasserie am Rand des Komplexes *Forum-Les-Halles*, die es schon in der Zeit der alten Markthallen gab. Einfache, typische französische Küche. *16, rue Pierre Lescot | Tel. 01 45 08 00 34 | So/Mo geschl. | Metro Les Halles, Linie 4, Châtelet-Les-Halles Linie RER A, B, D |* €

LES PAPILLES (U E5) *(⋔ e5)*
Gemütliches Restaurant mit beachtlichem Weinangebot in den Regalen und herzhafter Speisenauswahl. *30, rue Gay-Lussac | Tel. 01 43 25 20 79 | www.lespapillesparis.fr | So/Mo geschl. | Metro Luxembourg, Linie RER B |* €€

INSIDER TIPP **TERMINUS NORD**
(U F1) *(⋔ f1)*
Herrliche Jugendstil-Bahnhofsbrasserie. Koch Pascal Boulogne hat eine Vorliebe für Fisch und Meeresfrüchte (Bouillabaisse!). *23, rue de Dunkerque | Tel. 01 42 85 05 15 | kein Ruhetag | Metro Gare du Nord, Linie 4,5, RER B, D |* €€

EINKAUFEN

Paris ist ein wahres Shoppingparadies. Läden der großen Modeketten finden Sie in der *Rue de Rivoli* und der *Rue de Rennes*. Intimer shoppt man im *Quartier Marais* rund um die *Rue des Francs Bourgeois* und in *St-Germain-des-Prés* in den Parallelstraßen der *Rue Bonaparte*. Die Shoppingmeile schlechthin bleibt der *Boulevard Haussmann*, wo sich die Kaufhäuser *Galeries Lafayette* und *Le Printemps* befinden. ● Überdachte Passagen sind z. B. *Passage des Princes (5, boulevard des Italiens)* und *Passages des Panoramas (11, boulevard Montmartre).*

Werfen Sie unbedingt einen Blick ins Pariser Belle-Époque-Kaufhaus *Le Bon Marché* und in die große Feinkostabteilung *La Grande Epicerie (24, rue de Sèvres | Metro Sèvres-Babylone, Linien 10, 12).*

Savoir-vivre: Bistro in Paris

Die ● *Bouquinistes,* die an den Seine-Ufern ihre Holzkästen aufklappen und in friedlicher Nachbarschaft mit den Porträtzeichnern ihre antiquarische Ware anbieten, sind den meisten aus Kinofilmen bekannt. Aktuelle Bücher, CDs, DVDs, aber auch Longseller aus Literatur, Musik und Film sowie Elektronikprodukte gibt es in den sieben Pariser *Fnac*-Filialen, die größten finden Sie auf den *Champs-Elysées* und im *Forum-Les-Halles.* Eines der schönsten Antiquariate Europas ist die **INSIDER TIPP** *Librairie Auguste Blaizot* in der eleganten *Rue du Faubourg-St-Honoré (Nr. 164 | www.blaizot.com | Metro Miromesnil, Linien 9, 13).*

LADURÉE (U A2) (📖 *a2*)
Die *macarons* der Konditorei, zwei mit einer Creme zusammengehaltene Biskuits, gelten als die besten der Stadt. Es gibt sie in vielerlei Sorten in vier Filialen. Mit Café

Ein Abend im Barrio Latino

und Bar: *75, avenue des Champs-Elysées | www.laduree.com | Metro George V, Linie 1*

AM ABEND

Das Unterhaltungsangebot für den Abend und die Nacht ist riesig und teuer. Einen guten Überblick über die aktuellen Programme bieten die wöchentlichen Stadtmagazine „Pariscope" und „L'officiel des spectacles" (auch mit angesagten Restaurants), die Sie am Kiosk erhalten. Die berühmten Revuen sind oft schon Wochen im Voraus ausgebucht. Besser ist es, die Karten bereits vor der Abreise online zu bestellen: *Lido (www.lido.fr), Folies-Bergère (www.foliesbergere.com)* und *Bal du Moulin-Rouge (www.moulinrouge.fr).* Gleiches gilt für die Nationaloper *(www.operadeparis.fr),* die in Paris die neue, moderne *Opéra de la Bastille* und das reich geschmückte *Palais Garnier* im Zentrum unterhält. Für Ballettveranstaltungen ist das *Théatre de la Ville (www.theatredelaville-paris.com)* berühmt.

Nachtclubs und Bars gibt es in der ganzen Stadt. Zu den Klassikern der Clubs im Zentrum gehören der Salsa-Tempel *Barrio Latino (46/48 rue du Faubourg St-Antoine | www.buddha-bar.com | tgl. 12–2, So bis 3 Uhr | Metro Bastille, Linien 1,5,8),* die Uraltdisko *Balajo,* Tanzclub seit 1936 *(9, rue de Lappe | www.balajo.fr | Metro Bastille, Linien 1,5,8)* und der Partyschuppen *Les Bains* in einem alten türkischen Bad *(7, rue du Bourg l'Abbé | Mo–Do 21–2, Fr 21–4, Sa 21–6 Uhr | Metro Étienne Marcel, Linie 4)*

ÜBERNACHTEN

HÔTEL LE A (U B2) (📖 *b2*)
Nahe den Champs-Elysées gelegenes Designhotel im puristischen Schwarz-Weiß-Dekor. *51 Zi. | 4, rue d'Artois | Tel.*

0142 56 99 99 | www.paris-hotel-a.com | Metro Saint Philippe du Roule, Linie 9, oder Franklin-D. Roosevelt, Linie 1 | €€€

HÔTEL JEANNE D'ARC LE MARAIS
(U F4) (🛏 f4)

Ruhiges, charmantes Haus mitten im Marais-Viertel. *35 Zi. | 3, rue de Jarente | Tel. 0148 87 62 11 | www.hoteljeannedarc. com | Metro St-Paul, Linie 1 | €–€€*

HÔTEL DE NESLE (U D5) (🛏 d5)

Das äußerst bunt gestaltete Minihotel liegt in einer kleinen Seitenstraße im Viertel Saint-Germain-des-Prés. Zum Haus gehört ein romantischer Rosengarten. *20 Zi. | 7, rue de Nesle | Tel. 0143 54 62 41 | www.hoteldenesleparis.com | Metro Odéon, Linie 4, 10 | €€*

NOUVEL HÔTEL (183 D3) (🛏 K4)

Nett im Laura-Ashley-Look gestaltetes kleines Hotel mit einem sehr ruhigem Innenhof. *28 Zi. | 24, avenue du Bel-Air | Tel. 0143 43 01 81 | www. nouvel-hotel-paris.com | €€ | Metro Nation, Linie 1, 2, 6, 9, RER A*

LE VILLAGE HOSTEL (U E1) (🛏 e1)

Freundliche, saubere, funktionalschlichte Herberge im belebten Montmartre-Viertel. *27 Zi. für 1–8 Pers. | 20, rue d'Orsel | Tel. 0142 64 22 02 | www. villagehostel.fr | Metro Anvers, Linie 2, Abbesses, Linie 12 | €*

AUSKUNFT

OFFICE DU TOURISME
(U D3) (🛏 d3)

25, rue des Pyramides | Tel. 08 92 68 30 00 | www.parisinfo.com | Metro Pyramides, Linie 7, 14
Ausführliche Informationen zur Hauptstadt Frankreichs finden Sie im MARCO POLO Band „Paris".

Das Künstlerdorf Barbizon

ZIELE IN DER UMGEBUNG

BARBIZON (176 B4) (🛏 K5)

Das Dorf (1500 Ew.) am Rand des Walds von Fontainebleau, 60 km südlich von Paris, erlangte Ruhm durch die vorimpressionistische Malerkolonie *École de Barbizon*. Künstler wie Théodore Rousseau (1812–67), Charles-François Daubigny (1817–78), Constant Troyon (1810–65) und Jules Dupré (1811–89) revolutionierten um 1830 die Landschaftsmalerei: Sie malten *plein-air,* an der frischen Luft. Viele ihrer Werke sind im Louvre zu sehen. *Atelier Rousseau* und *Musée Auberge Ganne (92, Grande Rue | www.tourisme77.com | Mi–Mo 10–12.30 und 14–18 Uhr | Eintritt 3 Euro).*

FONTAINEBLEAU (176 B4) (*K5*)

Umgeben vom gleichnamigen Wald, liegt die Stadt (16 000 Ew.) etwa 70 km südlich von Paris. Die wichtigste Sehenswürdigkeit, das berühmte *Château (www.musee-chateau-fontainebleau.fr | Mi–Mo 9.30–17, April–Sept. bis 18 Uhr | Eintritt 10 Euro)* mit 1500 Räumen und reich gestalteten Gärten, war sieben Jahrhunderte lang von Königsfamilien bewohnt. Von François I. bis Napoleon III. haben alle Regenten hier ihre Spuren hinterlassen – in Form von Anbauten, Decken, Böden, Möbeln. Fontainebleau wird deswegen auch als das „Haus der Jahrhunderte" bezeichnet. Die Höhepunkte einer Schlossbesichtigung sind die königlichen Appartements und der Ballsaal sowie vier Themenmuseen. Auch der **INSIDER TIPP** Wald *Forêt de Fontainebleau* ist einen Besuch wert: Seine bizarren Felsformationen ziehen Kletterer aus ganz Europa an.

SAINT-DENIS (182 C2) (*K4*)

In dem Vorort (90 000 Ew.) rund 11 km nordöstlich von Paris leben viele Immigranten in Siedlungsgettos, die um die Altstadt herumgebaut wurden. Die ● Basilika, in der 42 französische Könige und 32 Königinnen sowie eine ganze Reihe von Prinzen und Prinzessinnen begraben sind, lohnt den Ausflug. Die meisten Gräber aus Mittelalter und Renaissance sind seit der Revolution leer, doch sie bleiben Zeugnisse einer beeindruckenden Grabmalkunst. *1, rue de la Légion d'Honneur |*

DER FAHRRAD-HYPE

Staus auf den Boulevards und allen Nebenstraßen: Das gehört zum Alltag in Paris. Doch Bürgermeister Bertrand Delanoë hat genug von diesem Chaos. Seit seinem Amtsantritt kämpft er für eine neue Verkehrspolitik. Dabei ist das Fahrrad eines der Herzstücke seiner Strategie. Fuhren vor dem Juli 2007 nur etwa 1,6 Prozent der Pariser mit dem Rad, so sind es mittlerweile viel mehr – dank *Velib,* einem öffentlichen Leihkonzept für Fahrräder. Über 20 000 Räder stehen an mehr als 1450 über die ganze Stadt verteilten Stationen bereit (ein Plan ist als iTunes-App 770 PROD erhältlich). Mieten kann man die Räder für wenige Euro ganz unkompliziert direkt mit einer Kreditkarte am Leihautomaten. Sightseeingtouren auf dem Fahrrad bietet *Paris à velo c'est sympa* an (*34 Euro für 3 Std. | www.parisvelosympa.com*)

Der Spiegelsaal von Versailles zählt zum Unesco-Weltkulturerbe

www.saint-denis.monuments-nationaux. fr | tgl. April–Sept. 10–18.15, Okt.–März 10–17.15, So ab 12 Uhr

VAUX-LE-VICOMTE ⭐ (176 B4) (∅ K4)

Die königliche Anmutung täuscht. Das Schloss 64 km südöstlich von Paris (www.vaux-le-vicomte.com) wurde nicht von einem König, sondern vom Schatzmeister Ludwigs XIV. erbaut. Nicolas Fouquet beauftragte 1656 die Besten ihres Fachs für sein ehrgeiziges Projekt, das ihn selbst allerdings den Kopf kostete, weil es selbst Versailles in den Schatten stellte: den Architekten Louis Le Vau, den Dekorateur Charles Le Brun und den Gartenbaumeister André Le Nôtre. Besonders schön ist die INSIDER TIPP▶ Besichtigung bei Kerzenschein (Mai–Okt. samstags). Mitte März–Mitte Nov. tgl. 10–18 Uhr | Eintritt 14 Euro

VERSAILLES ⭐ (182 B4) (∅ J4)

Das etwa 23 km südwestlich von Paris gelegene Schloss gilt als das schönste der Welt. Von 1682 bis zur Revolution 1789 diente es als Regierungssitz und politisches Zentrum Frankreichs. Von Ludwig XIII. als Jagdschloss errichtet, baute Ludwig XIV. es zu seiner heutigen Pracht aus. Ludwig XV. ließ Veränderungen und Ergänzungen vornehmen, Marie Antoinette schließlich, die Gattin Ludwigs XVI., gab ihm den letzten Schliff. Am 6. Okt. 1789 endete abrupt die Herrschaft in Versailles mit der Flucht der Königsfamilie nach Paris. Highlights der Anlage, für die Sie einen ganzen Tag einplanen sollten, sind die Kapelle, die königlichen Gemächer und der Spiegelsaal, der zum Welterbe der Menschheit zählt. Die Gartenanlage mit den Nebenpalästen Grand und Petit Trianon sowie Marie Antoinettes Vergnügungsbauernhof Hameau de la Reine sind weitere Besichtigungspunkte. www.chateauversailles.fr | Di–So Nov.–März 9–17.30 Uhr, April–Okt. 9–18.30 Uhr | Eintritt 18 Euro, während der musikalischen Wasserspiele im Sommer 25 Euro

DIE MITTE

Das Herzstück des französischen Hexagons bilden vier Regionen, die landschaftlich recht harmonisch sind, in ihrem Wesen jedoch unterschiedlicher kaum sein könnten: Bourgogne, Centre, Limousin, Auvergne.

Die Bourgogne (ausführliche Informationen finden Sie im MARCO POLO Band „Burgund"), verwöhnt vom Tourismus dank ihrer Weinberge, Schlösser und den an Kulturdenkmälern reichen Städten – das ist die Gegend, in der der sprichwörtliche Gott in Frankreich sich Schlemmereien hingibt.

Gleich daneben liegt das Centre. Den nüchternen Namen bekam die Region wegen ihrer geografischen Lage. Diese Region ist in sich sehr gespalten: Entlang der Loire (ausführliche Informationen finden Sie im MARCO POLO Band „Loire-Tal") reihen sich die berühmten Schlösser wie Perlen an einer Kette und ziehen das ganze Jahr Besucher an.

Wenige Kilometer weiter südlich, in die Departements Indre und Cher, kommen nur Insider. Sie wissen von der beschaulichen Ruhe dieser landwirtschaftlich geprägten, mit saftigen Weideflächen und weichen Hügeln gesegneten Region und kurven mit Begeisterung auf den historischen und romantischen Straßen durch die ehemalige Provinz Berry, deren Hauptstadt Bourges auf alle Fälle einen Besuch wert ist.

Das noch südlicher gelegene Limousin ist die am schwächsten besiedelte Region Frankreichs. Wegen der schlechten wirtschaftlichen Perspektiven kämpft

Bild: Château Chambord

Im Zentrum Frankreichs liegen berühmte Schlösser neben Rübenfeldern und schlummern Vulkane neben Weinkellern

dieser Landstrich seit Jahren gegen die Abwanderung. Auch der Tourismus ist hier noch unterentwickelt, die Natur allein mit tiefen Wäldern, klaren Seen und schönen Hochebenen wurde noch nicht ausreichend oder gekonnt genug vermarktet.

Die benachbarte Auvergne ist mit der spektakulären Vulkanlandschaft des Zentralmassivs ein beliebtes Ziel von Wanderern – eine gute Gelegenheit, in der Hochsaison angenehm fern von Massenzielen zu reisen.

Die *Auvergnats,* die deftiges und schweres Essen mit viel geschmolzenem Käse lieben, gelten als etwas langsam. Hier scheint, wie im Limousin und im Süden des Centre, nichts besonders eilig zu sein. Vom Trubel, der die Region der Loireschlösser bestimmt, ist man hier Welten entfernt, von der Emsigkeit der burgundischen Weinbauern auch. Wenn Sie also nach anstrengender Tour zu Schlössern und romanischen Kirchen Erholung suchen, sind Sie in der südlichen Hälfte von Frankreichs Mitte gut aufgehoben.

AUXERRE

(176 C5) *(∅ L5)* **Die Stadt ist der Verwaltungssitz (38 000 Ew.) des Departements Yonne und liegt am Zusammenfluss des Canal du Nivernais mit dem Fluss Yonne.**

ZIELE IN DER UMGEBUNG

INSIDER TIPP ► CHÂTEAU DE GUÉDELON UND CHÂTEAU DE SAINT-FARGEAU
(176 B5) *(∅ K6)*

Michel Guyot ist ein ungewöhnlicher Mann. Er schuf ein vielbeachtetes Bauprojekt: 50 Mitarbeiter und viele frei-

Urlaub einmal anders: Hausboot auf der Yonne in Auxerre

Aus diesem Grund besitzt die Stadt einen großen Freizeithafen, in dem Sie Hausboote mieten können. Wichtigste Sehenswürdigkeit der Stadt ist die gotische *Cathédrale Saint-Etienne*, deren Bau mehrere Jahrhunderte lang dauerte und die durch ihre schönen Kirchenfenster besticht.

Dank vieler Sehenswürdigkeiten, die sich in der Umgebung befinden, und einer belebten Innenstadt eignet sich Auxerre als Ausgangspunkt für kleinere Ausflüge und Touren. Wenn Sie in Auxerre übernachten möchten: Sehr geschmackvoll eingerichtete Zimmer finden Sie im *Hôtel Normandie* (47 Zi. | 41, boulevard Vauban | Tel. 03 86 52 57 80 | www. hotelnormandie.fr | €€).

willige Helfer errichten seit 1997 unter mittelalterlichen Bedingungen ohne Strom, in zeittypischer Arbeitskleidung, eine Trutzburg nach Plänen aus dem 13. Jh. Das Abenteuer kann man besichtigen und unterstützen *(58 km südwestlich von Auxerre | Sept.–Juni Do–Di 10–17.30, Juli/Aug. tgl. 10–19 Uhr | Eintritt 9 Euro | Führungstermine finden Sie unter www. guedelon.fr)*.

13 km nordwestlich bewohnt Monsieur Guyot sein privates burgundisches Schloss, *Château de Saint-Fargeau. (www. chateau-de-saint-fargeau.com | tgl. Mitte März bis Mitte Nov. 10–12 und 14–18, Juli/ Aug. bis 19 Uhr | Eintritt 9 Euro, Postkutschenfahrt 5,50 Euro, spectacle historique Mitte Juli–Mitte Aug. Fr/Sa 22 Uhr, Eintritt*

16 Euro). Jedermann darf nach Herzenslust durch die herrschaftlichen Räume, die teils stilecht möbliert sind, und in die Restaurationswerkstatt spazieren. Klettern Sie unbedingt auf die mit 15000 m² gigantischen Dachböden über Schloss und Kapelle.

Eine wunderschöne Übernachtungsmöglichkeit in einem Herrenhaus mit riesigem Garten finden Sie im *Les Grands Chênes (11 Zi. | Les Berthes Bailly | Tel. 03 86 74 04 05 | www. hoteldepuisaye.com | €€–€€€).*

SAINT-SAVEUR-EN-PUISAYE
(176 B5) (🕮 K6)

Dieser Ort, 43 km südwestlich von Auxerre, lohnt den Abstecher wegen des `INSIDER TIPP` *Musée Colette (www.amis decolette.fr),* das der berühmten französischen Schriftstellerin (1873–1954) gewidmet ist. Die unangepasste Vagabundin wurde hier geboren. Viele private Gegenstände aus ihren zahlreichen Wohnungen haben in diesem liebevoll gestalteten Museum ein neues Zuhause gefunden. *April–Okt. Mi–Mo 10–18, Nov.– März nur an Wochenenden und Feiertagen 14–18 Uhr | Eintritt 4,50 Euro*

VÉZELAY (176 C5) (🕮 L6)

Sanft steigen die Felder hinauf zum berühmten und über 1000 Jahre alten Wallfahrtsort (500 Ew.) rund 50 km südlich von Auxerre. Das Dorf schlängelt sich die ansteigende Straße entlang, und ganz oben thront die wichtigste Sehenswürdigkeit und das Ziel der Pilger, die *Basilique Sainte-Madeleine.*

Dort, am Grab der heiligen Magdalena, sollen im 11. Jh. Wunder geschehen sein, so überliefert es die Legende. Doch erwiesen sich die als Reliquien verehrten Gebeine der Heiligen später als falsch, deswegen verlor Vézelay nach vielen Jahrhunderten der Blüte seine Bedeutung. Gegen Ende des 19. Jhs. wurden dann „echte" Reliquien eingesetzt, und seitdem ist alles wieder gut: Die Pilger reisen wieder nach Vézelay, das heute zum Weltkulturerbe zählt. Günstig essen können Sie im Restaurant *La Bougainvil-*

---

le (26, rue St-Etienne | Tel. 03 86 33 27 57 | Di/Mi geschl. | €).

BEAUNE

(177 D6) (_M6_) Denkt man an Beaune, denkt man an bunte Dächer. Die kunstvollen Ziegelarbeiten sind das erste, was in der Stadt in Burgund (22 000 Ew.) auffällt.

Darunter verbergen sich in historischen Gebäuden Weinkeller und jede Menge Kunstschätze. Bestes Beispiel ist das ★ _Hôtel-Dieu_, einst ein Hospiz. Sein großer Saal ist 72 m lang und beeindruckt durch wunderschönes Gebälk. Die zweite Attraktion im Hôtel-Dieu ist der mehrteilige Flügelaltar „Das jüngste Gericht" von Rogier van der Weyden. Zusätzlich gibt es hier auch noch 2500 historische Möbel und ebenso viele Kunstschätze zu entdecken (_rue de l'Hôtel-Dieu | www.hospices-de-beaune.com | Mitte_ März–Mitte Nov. 9–18.30, sonst 9–11.30 und 14–17.30 Uhr | Eintritt 6,50 Euro). Sehr hübsch wohnen können Sie im _Le Home (20 Zi. | 138, route de Dijon | Tel. 03 80 22 16 43 | www.lehome.fr | €–€€)_. Wer einen Burgunderwein kaufen möchte, geht in die Boutique des _Marché aux Vins (2, rue Nicolas-Rolin | www.marcheauxvins.com)_. Dieser Laden lohnt den Besuch allein wegen des Gewölbes.

ZIEL IN DER UMGEBUNG

AUTUN (176 C6) (_L6_)
Die kleine Stadt (16 500 Ew.) im Herzen Burgunds, 80 km südwestlich von Beaune am Rand der tiefen Wälder des Naturparks von Morvan, blickt auf eine lange Geschichte zurück.

Aus der galloromanischen Zeit stammen das _Amphitheater_, die _Porte Saint-André_ und der _Tempel des Janus._ Viel jünger ist die _Cathédrale Saint-Lazare_ (12. Jh.) in der Rue Jeannin mit reich verziertem Tympa-

Eindrucksvoll nicht nur wegen seiner Größe: der Saal im Hôtel-Dieu in Beaune

non über dem Eingang. Unter Fachwerkbalken und Fresken wohnen können Sie im einstigen *Ursulinenkloster (43 Zi. | 14, rue Rivault | Tel. 03 85 86 58 58 | www.hotelursulines.fr | €€).*

BOURGES

(176 B6) *(M K6)* ⭐ **Angeblich hat schon Julius Cäsar die Stadt (70 000 Ew.) als eine der schönsten von ganz Gallien beschrieben.**

Bourges ist eine Kunst- und Geschichtsstadt mit einem weltbekannten Musikfestival im April *(www.printemps-bourges.com)* und einer ebenso berühmten Kathedrale: *Saint-Étienne* hat außergewöhnliche Kirchenfenster und kühne Strebebögen. Sehenswert ist auch der Palast des Kaufmanns Jacques Cœur. Er wurde 1450 fertiggestellt und nimmt in der Bauweise die Renaissance vorweg *(10 bis, rue Jacques-Cœur |*

Mai–Aug. 9.30–12 und 14–18, Sept.–April 9.30–12.15 und 14–17.15 Uhr | Eintritt 7 Euro). Ein schöner Spaziergang führt von der Altstadt ins Marais-Viertel, wo zahlreiche Wasserwege 1500 Schrebergärten durchziehen. Auch der Kanal von Berry ist einen Ausflug wert. Hübsche Privatzimmer in einer Villa hat *Le Cèdre Bleu (3 Zi. | 14, rue Voltaire | Tel. 02 48 25 07 37 | www.lecedrebleu.fr | €€).* Liebhaber rustikalen Ambientes und Grillfleischs sind gut aufgehoben im *Le Guillotin, (15, rue Jean-Girard | Tel. 02 48 65 43 66 | So/Mo geschl. | €).*

ZIELE IN DER UMGEBUNG

NEVERS **(180 B1)** *(M K6)*

Den schönsten Blick auf die ehemalige Bischofsstadt (43 000 Ew.) haben Sie von der 🌿 anderen Seite der Loire aus. Die Altstadt thront auf einem Hügel über dem Fluss, schon von Weitem ist die Kathedrale Saint-Cyr-Sainte-Juliette mit ihrem über 50 m hohen Turm zu sehen. An der Kirche wurde jahrhundertelang gebaut. Vor allem Romanik und Gotik haben ihre Spuren hinterlassen. Die bunten Glasfenster sind modern, sie ersetzten die 1944 zerstörten Fenster. Eine weitere Sehenswürdigkeit ist das Palais Ducal. Der Palast aus dem Jahr 1460 war einst die Residenz der Grafen und Herzöge und ist heute ein beliebter Veranstaltungsort. Günstige, angenehme Zimmer bekommen Sie im *Hôtel Beauséjour (16 Zi. | 5 bis, rue St-Gildard | Tel. 03 86 61 20 84 | www.hotel-beausejour-nevers.com | €).* 67 km östlich von Bourges

NOHANT-LE-VIC **(176 B6)** *(M J7)*

Der kleine Ort 76 km südwestlich von Bourges lohnt einen Abstecher wegen der **INSIDER TIPP** *Domaine George Sand (www.maison-george-sand.monuments-nationaux.fr).* In dem Herrenhaus verbrachte die Schriftstellerin (1804–76) die meiste Zeit ihres Lebens. Alles ist so geblieben, wie sie es einst verließ. Im Garten liegt sie begraben. *Besichtigung mit Führung tgl. Nov.–März und Okt. 10–12.30 und 13.30–17, April und Sept. 10–12.30 und 14–18, Mai/Juni 9.30–12.15 und 14–18.30, Juli/Aug. 9.30–18.30 Uhr | Eintritt 7 Euro*

CHARTRES

(176 A4) *(⍟ J5)* ⭐ **Das wichtigste Gebäude der kleinen Stadt (40 000 Ew.) können Sie nicht verfehlen:**

Die Kathedrale Notre-Dame liegt weithin sichtbar auf der Spitze eines Hügels und ist im Verhältnis zum Ort fast ein bisschen zu groß geraten. Chartres gilt als Meisterstück der klassischen Gotik. Die Kirche, die auf den Grundmauern eines durch einen Stadtbrand zerstörten Gotteshauses ab 1194 errichtet wurde, ist nie beschädigt worden und besitzt deswegen noch alle 176 Fenster aus dem 12./13. Jh. Weltberühmt ist die Rosette mit ihren in eindringlichen Blautönen gehaltenen Farben. Das dreiteilige Königsportal *(Portail Royal)*, das der romanischen Baukunst zugeordnet wird, erzählt das Leben des Erlösers mit unzähligen Figuren. Eine schlichte, gepflegte Unterkunft mit Parkplatz finden Sie unterhalb der Kathedrale in den alten Klostermauern der *Hôtellerie Saint Yves (50 Zi. | 1, rue Saint-Eman | Tel. 02 37 88 37 40 | www.hotellerie-st-yves. com | €)*.

CHEVERNY

(175 F5) *(⍟ J6)* **Seit Jahrhunderten ist das Château der Cheverny, errichtet in den Jahren 1604–34, im Besitz der gleichen Familie.**

Verglichen mit anderen Loireschlössern mag es auf den ersten Blick schlicht erscheinen, weil hier im klassizistischen Stil des 17. Jhs. gebaut wurde und nicht im Renaissancestil. Doch die originalgetreue Inneneinrichtung ist beeindruckend.

Höhepunkte der Besichtigung sind der Waffensaal, das Königsgemach und der große Salon. Freunde des Comics „Tim und Struppi" werden sich freuen, dass in der Boutique des Schlosses viele Figuren der Serie erhältlich sind – und dass sogar `INSIDER TIPP` **Tims Zimmer** in einem Teil des Schlosses nachgebaut wurde: Hervé ließ sich für sein Schloss Moulinsart von Cheverny inspirieren. Wer sich für prächtiges Dekor und antike Möbel begeistert, ist im wohl am besten möblierten Loireschloss, das im Winter sogar beheizt wird, an der richtigen Adresse. *www.chateau-cheverny.fr | tgl. Nov.–März 9.45–17, April–Juni und Sept. 9.15–18.15, Juli/Aug. 9.15–18.45, Okt. 9,45–17.30 Uhr | Eintritt 7,70–16,90 Euro*

CLERMONT-FERRAND

(180 B2) *(⍟ K8)* **Das Zentrum der Auvergne (140 000 Ew.) liegt im vulkanischen Massif Central und ist die Wiege der auvergnatischen Romanik, wovon die Basilika Notre-Dame-du-Port (12. Jh.) zeugt.**

Die hochgotische Kathedrale *Notre-Dame-de-l'Assomption* (13. Jh.) wurde erst 1884 vollendet. Der Bischofssitz Clermont und der Handelsort Montferrand wurden im 17. Jh. durch Kardinal Richelieu vereint. Die Universität trägt den Namen des Mathematikers, Physikers, Philosophen Blaise Pascal (1623–1662), der mit der Pascaline die erste Rechenmaschine erfand, ein bahnbrechendes Werk über Luftdruck verfasste und in der Hauptstadt Paris mit einer sogenannten Fünfgroschendroschke den öffentlichen Nahverkehr begründete.

Jeder kennt das dicke Michelinmännchen. Bibendum repräsentiert seit 1898

ZIELE IN DER UMGEBUNG

PUY DE DÔME (180 B2) *(𝄞 K8)*

Das dünn besiedelte Vulkangebiet der Auvergne, das lange das Armenhaus Frankreichs war, zählt zu den bestbewahrten Naturlandschaften Europas, ein

Über 100 ruhende Vukane reihen sich hier aneinander, der Puy de Dôme ist der bekannteste

als vielleicht weltweit ältestes Firmensymbol die Reifenproduktion. Die Industriegeschichte der Stadt ist untrennbar mit der *Usine* (Fabrik) verknüpft. Anschaulich erzählt wird diese im *Museum L'Aventure Michelin (32, rue du Clos-Four | Di–So 10–18 Uhr | Eintritt 8 Euro | www.aventure-michelin.com)*.

Ein günstiges Quartier ist das *Hôtel Albert-Élisabeth (38 Zi. | 37, avenue Albert-Élisabeth | Tel. 04 73 92 47 41 | www.hotel-albertelisabeth.com | €)*. Auf erlesene Fischgerichte hat sich das Altstadt-Restaurant *Fleur de Sel* spezialisiert (8, rue Abbé-Girard | Tel. 04 73 90 30 59 | www.restaurantfleur desel.com | So/Mo geschl. | €€–€€€).

Paradies für Wanderer, Radler, Reiter, Nordic-Skiläufer, Botaniker und Geologen. Der gut ausgeschilderte *Parc régional des Volcans d'Auvergne* umfasst die Bergmassive Monts Dôme (darunter der oft umnebelte clermontoiser Hausberg Puy de Dôme, 1464 m), Monts Dore (Puy de Sancy, 1885 m), Monts du Cantal und das Cézallier-Bergland, Weidegrund für die rötlichen Salers-Rinder.

Wissen über Vulkanismus eignet man sich spielerisch im Freizeitpark *Vulcania* an, 12 km westlich. *12, route de Mazayes | St-Ours les Roches | www.vulcania.com | tgl. Mitte März–Juni und Sept.–Mitte Nov. 10–18, Juli 10–19, Aug.10–20 Uhr | Eintritt 21 Euro*

VICHY (180 B2) (*L7*)

In der Auvergne gibt es insgesamt elf Thermalbäder *(www.auvergnethermale. com),* darunter das einst bedeutendste Heilbad Frankreichs. Der Charme des eleganten ● Vichy (26000 Ew., 71 km nördlich von Clermont-Ferrand) ist im 20. Jh. etwas abgeblättert, zieht aber immer noch ungefähr 30 000 Kurgäste

VOLVIC (180 B2) (*K8*)

Die vulkanische Mineralwasserquelle Volvic, die 90 m unter dem Puy de Dôme entspringt, wurde 1927 entdeckt. Dem Dorf Volvic (4600 Ew.), 14 km nördlich von Clermont-Ferrand, verhalf das stille Wasser, das der Lebensmittelkonzern Danone vertreibt, zu Weltruhm. Im Gebäude der Volvicquelle ist ein Informa-

Das Wasserschloss Château de Cormatin inmitten prächtiger Gartenanlagen

jährlich an. Einst kurten hier Bonapartes Mutter, diverse Königstöchter und Napoleon III. Maréchal Pétain verwaltete seit 1939 von hier aus das Vichy-Regime über die von Deutschen unbesetzten Gebiete Frankreichs. In der Blütezeit des 19. Jh. entstand die prächtige Bäderarchitektur von Vichy mit Trinkhalle, Wandelgang, orientalischem Bad und Oper. Angenehm wohnen und vorzüglich speisen können Sie im Hotelrestaurant *Chambord (27 Zi. | 82–84 rue de Paris | Tel. 04 70 30 16 30 | www.hotel-chambord-vichy.com | Restaurant So abends und Mo geschl. | €–€€).*

tionszentrum *(rue des Sources | www. traces-images.fr | Mo–Fr Juli/Aug. 10–18 | April–Juni und Sept. 9–12 und 14–18, Okt. und Sa/So 14.30–18 Uhr | Eintritt frei).*

CLUNY

(180 C1) (*L7*) **Die kleine Stadt (4500 Ew.) in Burgund war im Mittelalter ein religiöses Zentrum mit Anhängern und Kirchenfilialen in ganz Europa.** Das Benediktinerkloster galt bis zum Bau der Petruskirche des Vatikans als größter Kirchenbau der Christenheit. Doch heu-

te zeugen von der einstigen Pracht nur noch Ruinen. Die Klosteranlage, in drei Etappen (genannt Cluny I bis III) erbaut und erweitert, wurde erst während der Französischen Revolution zerstört und später als Steinbruch genutzt. Was ist heute noch übrig? Von den einst fünf Glockentürmen des Klosters stehen noch drei: der *Clocher de l'Eau-Bénite* und *Clocher Saint-Marcel* sowie der *Käseturm*, außerdem sind der *Mehlspeicher*, der *Platz* und die Kirche *Notre-Dame* erhalten *(tgl. Sept–April 9.30–12 und 13.30–17, Mai–Aug. 9.30–18.30 Uhr | Eintritt 7 Euro)*.

Charmante, am Fluss gelegene Zimmer finden Sie in der *Hostellerie d'Héloïse (13 Zi. | Pont de l'Étang | Tel. 03 85 59 05 65 | www.hostelleriedheloise.com | €)*.

ZIEL IN DER UMGEBUNG

INSIDER TIPP ▶ CHÂTEAU DE CORMATIN
(180–181 C–D1) (*∅ L7*)

Die Burgundschlösser stehen immer ein bisschen im Schatten der Loireschlösser. Zu Unrecht, denn auch sie haben echte Schmuckstücke zu bieten, wie das *Château de Cormatin*. Das Wasserschloss 13 km nördlich von Cluny hat eine traumhafte, abwechslungsreiche Gartenanlage und reiche Louis-XIII-Ausstattung. Besichtigung der Räume nur im Rahmen einer Führung. *www.chateaudecormatin.com | tgl. April–Mitte Juni und Mitte Sept.–Mitte Nov. 10–12 und 14–17.30, Mitte Juni–Mitte Juli und Mitte Aug.–Mitte Sept.10–12 und 14–18, Mitte Juli–Mitte Aug. 10–18 Uhr | Eintritt 9 Euro*

DIJON

(177 D6) (*∅ M6*) **Die Hauptstadt von Burgund (230 000 Ew.) ist eine alte Universitätsstadt und war schon immer ein wichtiges Handels- und Verkehrszentrum.**

Bekannt in aller Welt ist Dijon auch für seinen Senf. Leider sind von der berühmten Senfindustrie nur noch wenige traditionelle Firmen übrig geblieben, in vielen einstigen Familienbetrieben haben jetzt große Konzerne das Sagen. Dass die Stadt einst Sitz der Herzöge von Burgund war, sieht man gleich. Elegante Gebäude aus dem 17./18. Jh. ergänzen die engen, pittoresken Gässchen voller Fachwerkhäuser. Sehenswert ist das *Palais des Ducs et des États de Bourgogne*, in dessen linkem Flügel heute das *Musée des Beaux-Arts* mit einer reichen Sammlung an Gemälden und den Grabmälern von Phillippe dem Kühnen, Johannes dem Furchtlosen und Margarete von Bayern untergebracht ist *(Place de la Libération |*

LOW BUDG€T

▶ Die *Société Nouvelle des Pastilles de Vichy* bietet kostenlose Besichtigungen ihrer Pastillenproduktion an. *94, allée des Ailes | Mo–Sa 9–12 und 14–18 Uhr*

▶ Ein besonderes Spektakel in Bourges sind die kostenlosen ● *Nuits Lumières*. Die Lichtinszenierung beginnt zur Abenddämmerung und dauert zweieinhalb Stunden. *Mai/Juni und Sept. jeweils Do/Fr/Sa, Juli/Aug. jeden Abend*

▶ Limoges: Freier Eintritt im *Musée de l'Évêche* mit Emaillekunstwerken aus dem 12 Jh. bis in unsere Zeit. *Place de la Cathédrale | Mi–Mo 10–12 und 14–17, im Sommer bis 18 Uhr tgl. Mi–Mo Mai–Okt. 9.30–18, Nov.–April 10–17 Uhr | Eintritt frei).* Mitten in der Innenstadt, in der Straße der Antiquitäten, befindet sich das *Hôtel Le Jacquemart (31 Zi. | 32, rue Verrerie | Tel. 03 80 60 09 60 | www.hotel-lejacquemart.fr | €).*

Westwerk der Kathedrale in Orléans

LIMOGES

(180 A2) *(ⓜ J8)* **Die Stadt (173 000 Ew.) ist weltberühmt dank ihres Porzellans und ihrer Emaille.**

Seit dem 18. Jh. wird hier wertvolles Tafelgeschirr hergestellt. Fast die Hälfte des französischen Porzellans kommt aus Limoges. Wer etwas mit nach Hause nehmen will, sollte eine Tour über den *Boulevard Louis-Blanc* machen. Die älteste Manufaktur, *Royal Limoges,* hat einen **INSIDER TIPP** Fabrikverkauf *(28, rue Donzelot, Zufahrt über Quai du Port du Naveix | www.royal-limoges.fr | Mo–Sa, Juli–Sept. auch So 10–18.30 Uhr).*

ORLÉANS

(176 A5) *(ⓜ J5)* **Die Hauptstadt der Region Centre (250 000 Ew.), Universitätsstadt und Bischofssitz an der Loire, kennt fast jeder dank der Jungfrau von Orléans.**

Jeanne d'Arc befreite die Stadt, die im Hundertjährigen Krieg eine der letzten Bastionen gegen die Engländer war; so die Geschichte. Der Jungfrau ist auch ein *Museum* gewidmet *(Place de Gaulle | www.jeannedarc.com.fr | Di–So Mai–Okt. 10–12.30 und 13.30 bis 18.30 Uhr, sonst nur nachmittags | Eintritt 2 Euro).* Wer auch ein bisschen Sightseeing machen möchte, dem werden eine hübsche *Altstadt* und eine mächtige Kathedrale geboten. Die *Cathédrale Saint-Croix* wurde über drei Jahrhunderte erbaut und beeindruckt durch schöne Holzvertäfelungen im Chorbereich. Für eine Tour zu den Loireschlössern ist Orléans der perfekte Ausgangspunkt. Eine zentrale, sehr romantisch eingerichtete Unterkunft bietet das *Hôtel de l'Abeille (31 Zi. | 64, rue d'Alsace-Lorraine | Tel. 02 38 63 54 87 | www.hoteldelabeille.com | €€).*

ZIELE IN DER UMGEBUNG

BLOIS (175 F5) *(ⓜ J6)*
Das Städtchen (50 000 Ew.) rund 60 km südwestlich von Orléans liegt auf mehreren Hügeln an der Loire. Die mächtige Steinbrücke ist ebenso bekannt wie

das Schloss. Die Blésois leisten sich ein anspruchsvolles Kulturleben mit vielen Konzerten. Das vierflügelige, stilistisch gemischte *Château Royal de Blois (www. chateaublois.fr)* diente sieben Königen und zehn Königinnen als Residenz, darunter Katharina von Medici, dreifache Königsmutter. Ihr Sohn Henri III ließ hier seinen Widersacher Herzog von Guise ermorden, ein beliebtes Filmmotiv des 20. Jh. Der Saal der Generalstände *(salle des états généraux, 13. Jh.)* gilt als größter gotischer Raum Frankreichs. Im Château ist auch das *Musée des Beaux-Arts* mit 35 000 Exponaten untergebracht. *Tgl. Jan–März und Nov–Dez. 9–12.30 und 13.30–17.30, Okt. 9–18, April–Juni und Sept. 9–18.30, Juli/Aug.9–19 Uhr | Eintritt 9,50 Euro*

CHAMBORD ★ (176 A5) (ℳ J6)

Es ist das größte, prächtigste und deshalb berühmteste der Loireschlösser. 440 Räume, 365 Feuerstellen, 84 Treppen, 3000 Kunstobjekte und 25 Jahre Bauzeit stecken in Chambord. Sehr viel Aufwand dafür, dass fast nie jemand hier wohnte. Konzipiert von Franz I. als Prunk- und Jagdschloss im Geist Leonardo da Vincis, ist es umringt von einem Wassergraben und einem riesigen, über 50 km² großen Park, den eine Mauer einsäumt und in dem sich früher der Adel der Jagd hingab. Eines der vielen Highlights des Schlosses ist das doppelläufige Treppenhaus in Wendelform. Es war einst ein beliebter Ort für Verstecksiele von Verliebten, da sie sich sehen, aber nicht fassen konnten. 800 000 Besucher empfängt Chambord jährlich. Zur Erkundung des Parks gibt es sogar einen **INSIDER TIPP** Fahrradverleih. *www.chambord.org | tgl. Okt. bis März 9–17.15, April–Mitte Juli und Mitte Aug.–Sept. bis 18.15, sonst bis 19.30 Uhr | Eintritt 9,50 Euro | 70 km südwestlich*

LE-PUY-EN-VELAY

(180 C3) (ℳ L9) ★ **Der Ort (20 000 Ew.) ist genauso spektakulär wie die ihn umgebende Landschaft.**

Inmitten der bizarren Vulkanhügel der Auvergne liegt die Präfekturstadt des Departements Haute-Loire zwischen einzelnen Vulkanfelsen bzw. -kaminen. Berühmt ist die romanische Kathedrale *Notre-Dame (tgl. Mitte Mai–Juni und Sept. 9–12 und 14–18.30, Juli/Aug. 9–18.30, sonst 9–12 und 14–17 Uhr)*, die dank ihrer schwarzen Madonna und ihrem Kreuzgang Le-Puy-en-Velay zu einem beliebten Pilger- und Touristenziel macht. Nicht zu verfehlen ist der Felsen *Rocher Corneille*, auf dem eine monumentale Madonnenstatue steht. Von dort haben Sie einen guten Blick über die Stadt. Die Statue wurde aus Metall von Kanonen aus dem Krimkrieg gegossen. Ebenso exponiert gelegen ist die Kirche *Saint-Michel-d'Aiguilhe.* Sie thront auf einem Basaltfelsen. Ein bisschen entfernt liegt das bunt eingerichtete *Hôtel La Val Vert (23 Zi. | 6, avenue Baptiste-Marcet | Tel. 04 71 09 09 30 | www. hotelvalvert.com | €).*

TOURS

(175 E5) (ℳ H6) **Die Hauptstadt (300 000 Ew.) der Provinz Touraine und einstige Königstadt Frankreichs (15./16. Jh.) ist noch vor Orléans das wichtigste und größte Zentrum im Tal der Loire.**

Viele kennen Tours aus der Sankt-Martins-Legende. Der berühmte Heilige war Bischof der Stadt und starb hier 397 n. Chr. Trotz der langen Geschichte gibt sich Tours heute modern und zukunftsbezogen mit Universität und Hightechfirmen. In der Altstadt jedoch überwiegt die Historie aus Mittelalter und Renaissance. Die Stadt hat einen wertvollen alten Häuserbestand mit fast lückenlosen Fachwerkfronten, hübsche Parkanlagen, ein prachtvolles Flussufer und eine lebendige Innenstadt rund um die *Place Plumereau*, einst Marktplatz und heute Fußgängerzone.

SEHENSWERTES

CATHÉDRALE SAINT-GATIEN

Über drei Jahrhunderte dauerte der Bau der Kirche, die Stilelemente verschiedener Epochen vereint. Besonders interessant sind die Kirchenfenster im Chor und am Eingangsportal. *5, Place de la Cathédrale*

PALAIS DES ARCHEVÊQUES

In dem mächtigen Palais der Erzbischöfe, einem Bauwerk aus dem 17./18. Jh., ist heute das *Musée des Beaux-Arts* untergebracht. Neben den ausgestellten Gemälden sind auch die Holzvertäfelungen beachtenswert. *18, Place François-Sicard | Mi–Mo 9–12 und 14–18 Uhr | Eintritt 4 Euro*

ESSEN & TRINKEN

L'ATELIER GOURMAND

Mitten in der Altstadt befindet sich dieses kleine Restaurant im Stil eines Bistros mit innovativer Küche. *37, rue Étienne-Marcel | Tel. 02 47 38 59 87 | Sa–Mo mittags geschl. | €*

ÜBERNACHTEN

HÔTEL DES CHÂTEAUX DE LA LOIRE

Einfaches Hotel mit großen Zimmern und nettem Empfang. *30 Zi. | 12, rue Gambetta | Tel. 02 47 05 10 05 | www. hoteldeschateaux.fr | €–€€*

ZIELE IN DER UMGEBUNG

AZAY-LE-RIDEAU ⭐ (175 E5) (🗺 H6)

Das Schloss rund 28 km südwestlich von Tours mag im Vergleich mit anderen Loireschlössern klein wirken, aber die Harmonie der Proportionen und die schöne Lage inmitten eines tiefen Walds machen es zu einem Juwel. Erbaut ursprünglich als Vergnügungsschloss im 16. Jh. und drei Jahrhunderte später im Stil der Neorenaissance ausgestattet, bezaubert es von innen und außen. *Okt.– März 10–12.30 und 14–17.30, April–Juni und Sept. 9.30–18, Juli/Aug. bis 19 Uhr | Eintritt 8,50 Euro*

CHENONCEAU ⭐ ● (175 F5) (🗺 H6)

Nach dem Château von Versailles ist Chenonceau das meistbesuchte Schloss Frankreichs. Das auf Brückenbögen über dem Cher auf einem Mühlengrund des 13. Jhs. ab 1513 errichtete *Château des Dames* mit den prachtvollen Gärten wurde von seinen Bewohnerinnen Diane de Poitiers und Katherine de Medici, die eine Geliebte, die andere Gattin Heinrichs II., dann von Louise von Lothringen, Witwe Heinrichs III., gestaltet und erhalten.

Die spannende Geschichte des prächtig eingerichteten Witwenschlosses, „ein Spielball der Leidenschaften", hat die französische Schriftstellerin Marguerite Yourcenar (1903–87), die ihrerseits als erste Frau in die ehrwürdige Academie Française aufgenommen wurde, großartig beschrieben. *www.chenonceau.com | April–Okt. ab 9, im Winter ab 9.30 Uhr, Schließung schwankt jahreszeitlich zwischen 17 und 19.30 Uhr | Eintritt 10,50 Euro, mit Wachsfigurenmuseum 12,50 Euro*

USSÉ (175 E5) (*H6*)

Das mit vielen Türmen geschmückte Schloss liegt am Rand eines Walds, etwa 40 km westlich von Tours. Es erinnert nicht nur an das Märchen von Dornröschen, angeblich soll es den französischen Märchenerzähler Charles Perrault auch genau dazu inspiriert haben. *www.*

chateau-valencay.fr | tgl. April 10.30–18, Mai und Sept. 10–18, Juni 9.30–18.30, Juli/Aug. 9.30–19, Okt./Nov. 10.30–17.30 Uhr | Eintritt 10 Euro

VILLANDRY ⭐ ● (175 E5) (*H6*)

An diesem etwa 17 km südwestlich von Tours gelegenen Loireschloss

Ein Bildnis Ludwigs XIV. gibt es auch im Schloss Chenonceau

chateaudusse.fr | Mitte Feb.–März und Sept.–Mitte Nov. 10–18, April–Aug. bis 19 Uhr | Eintritt 13 Euro

VALENÇAY (175 F5) (*J6*)

Das mächtige weiße Renaissanceschloss mit klassizistischen Stilelementen befindet sich etwa 70 km östlich von Tours und darf auf der Besichtigungstour der Loireschlösser nicht fehlen. Seine außergewöhnliche L-Form erhielt es durch spätere Anbauten im 17. und 18. Jh. Mit Möbeln im Empirestil ausgestattet sind das Musik- und das Schlafzimmer des Königs von Spanien. *www.*

dürfen Sie ebenfalls auf keinen Fall vorbeifahren, denn die französischen Gärten von Villandry sind einzigartig. Sie entstanden erst im frühen 20. Jh. als Lebenswerk des Wissenschaftlers Docteur Carvallo, der das Schloss 1906 erworben hatte. Er schuf ein riesiges gartenkünstlerisches Oeuvre mit streng nach Regeln des 16. Jhs. angelegten Terrassen und Baumalleen, Blumen-, Kräuter- und Gemüsebeeten, einem Wassergarten und einem Labyrinth. *www.chateauvillandry.com | tgl. ab 9 Uhr, Schließung zwischen 17 und 19.30 Uhr | Eintritt Schloss und Garten 9 Euro*

DER OSTEN

Diese Gegend ist reich an Natur, reich an Kultur und reich an Geschichte: Der Osten Frankreichs besteht aus den Regionen Champagne, Lothringen, Elsass und der Franche-Comté und ist ein landschaftlich sehr reizvolles Gebiet.

Die Gebirgszüge Vogesen und Jura formen die hügelige Landschaft, die weiten landwirtschaftlichen Gemüse- und Weinanbaugebiete der Champagne und die saftigen Weideflächen der Franche-Comté geben ihr die Farbe. Die Grenznähe zu Luxemburg, Deutschland und der Schweiz sowie die europäische Bedeutung Straßburgs erlauben einen regen wirtschaftlichen und kulturellen Austausch mit den Nachbarn. Ausführliche Informationen finden Sie im MARCO POLO Band „Elsass".

BESANÇON

(177 E6) (⟨⟨⟨⟩ N6) **Die Hauptstadt (120 000 Ew.) der Region Franche-Comté wird von einer großen Schleife des Flusses Doubs durchzogen.** Die Altstadt wird von einer Flusskrümmung umschlossen, nördlich davon liegt das älteste Viertel, Quartier Battant. Wenn Sie von dort über den Pont Battant gehen, liegt eine phantastische Arkaden-Häuserkolonnade vor Ihnen.

SEHENSWERTES

PLACE DE LA RÉPUBLIQUE
Das Herz von Besançon schlägt am *Place du Marché* und an der von den Römern

Frankreichs Ecke für Genießer: Wo die Gläser klingen, Glocken läuten und viele historische Schätze ruhen

erbauten *Grande-Rue*. Rechts und links von ihr befinden sich die wichtigsten Sehenswürdigkeiten: der Triumphbogen *Porte Noire*, die Kathedrale *Saint-Jean* mit ihrer aus 3000 Teilen bestehenden astronomischen Uhr, das *Geburtshaus* von Victor Hugo und die Bürgerhäuser *Hôtel Emskerque* und *Palais Granvelle.*

INSIDER TIPP▶ MUSÉE DU TEMPS
Das im Renaissance-Palais Granvelle untergebrachte Uhrenmuseum zeugt mit Hunderten von Uhren, Werkzeug und Gravuren von der 200jährigen Tradition der industriellen Horlogerie in Besançon. Der Schatz wird in Wechselausstellungen gezeigt. *96, Grande-Rue | Di–Sa 9.15–12, 14–18, So 10–18 Uhr | Eintritt 5 Euro*

ZITADELLE (CITADELLE) ☼
Ein Muss ist die 400 Jahre alte große Vauban-Zitadelle, die 118 m über dem Doubs-Tal liegt. Der Aufstieg beginnt hinter der Kathedrale Saint-Jean und führt durch die *Rue des Fusillés-de-la-Ré-*

BESANÇON

Ein Bild wie aus dem Feenreich: Cascades du Hérisson

sistance nach oben. *www.citadelle.com | Mi–Mo Nov.–März 10–17, April–Juni und Sept.–Okt. 9–18, Juli/Aug. 9–19 Uhr | Eintritt 9 Euro* (für den Gesamtkomplex mit dem kriegsgeschichtlichen *Musée de la Résistance et de la Déportation,* dem regionalethnologischen *Musée Comtois* und einem naturkundlichen Museum mit kleinem Zoo).

ESSEN & TRINKEN

LE MANÈGE
Zu Füßen der Zitadelle am Fluss serviert Jean-Charles Lavier seine Leckereien. *Tel. 03 81 48 01 48 | www.restaurant-le-manege.fr | Sa mittags, So abends und Mo geschl. | €€–€€€*

ÜBERNACHTEN

HÔTEL RÉGINA
Zentrales, ruhig gelegenes Hotel an der Grande-Rue (Hausnummer 91). *20 Zi. | Tel. 03 81 81 50 22 | www.besancon-regina.fr | €*

ZIELE IN DER UMGEBUNG

ARBOIS (177 D6) (*M N6*)
Umgeben von Weinbergen, liegt die kleine Stadt (4000 Ew.) knapp 50 km südlich von Besançon. Dem regionalen Wein *Vin Jaune* ist das *Musée de la Vigne et du Vin* im *Château Pécauld* gewidmet (*Mi–Mo März–Okt. 10–12 und 14–18 Uhr, sonst nur nachmittags | Eintritt 3,50 Euro*). In Arbois ist außerdem einer der besten Pralinenhersteller des Landes zu Hause: **INSIDER TIPP** *Chocolat Hirsinger* (*Place de la Liberté | www.chocolat-hirsinger.com*). Und natürlich gibt es viele Restaurants, wie z. B. *La Balance* (*47, rue de Courcelles | Tel. 03 84 37 45 00 | Mi geschl. | €€*).

ARC-ET-SENANS (177 D6) (*M N6*)
Die königliche Saline in Arc-et-Senans (1500 Ew., 35 km südwestlich von Be-

sançon) wurde erst kürzlich von der Unesco als Weltkulturerbe anerkannt – eine späte Huldigung für das Projekt des genialen Baumeisters Claude Nicolas Ledoux (1736–1806). Der Architekt entwarf einen halbkreisförmigen Plan, innerhalb dessen sich Fabriken, Büros und Wohnhäuser gruppieren *(tgl. Nov.–März 10–12 und 14–17, April–Juni und Okt. 9–12 und 14–18, Juli/Aug. 9–19 Uhr | www.salineroyale.com | Eintritt 7,50 Euro)*. Nahe Übernachtungsmöglichkeiten in romantisch-edlem Ambiente mit einem großen Garten und einem Restaurant der gehobenen Kategorie finden Sie in *Port-Lesney* im **INSIDER TIPP** ▶ *Château de Germigney (22 Zi. | Tel. 03 84 73 85 85 | www.chateaudegermigney.com | €€€).*

INSIDER TIPP ▶ BAUME-LES-MESSIEURS
(177 D6) *(m M7)*

Der kleine Ort (200 Ew.) etwa 70 km südwestlich von Besançon nahe Lons-le-Saunier gehört zu den schönsten Dörfern Frankreichs. Baume-les-Messieurs liegt in einem spektakulären halbrunden Talausläufer des Jura mit hohen Felsen rundherum. Der ★ *Cirque de Baume*, wie dieses Naturschauspiel heißt, eignet sich wunderbar für eine Wanderung. Die romanisch-gotische Klosterkirche im Dorf besitzt einen schönen Altar, der aus dem 16. Jh. stammt. Übernachten können Sie zum Beispiel in der *Abbaye*, in einem Gästezimmer des rustikalen *Gothique Café (Tel. 03 84 44 64 47 | €€).*

CASCADES DU HÉRISSON
(177 D6) *(m N7)*

Die faszinierenden Wasserfälle 25 km südöstlich von Baume-les-Messieurs nahe einer eindrucksvollen Seenlandschaft sind die schönsten des Juragebirges.

ORNANS **(177 E6) *(m N6)***

Das ungefähr 25 km südlich von Besançon gelegene Städtchen (4000 Ew.) besitzt eine sehr hübsche Altstadt mit Fachwerkhäusern, die sich eng aneinandergelehnt an den Fluss schmiegen. Ornans ist die Geburtsstadt des Malers Gustave Courbet (1819–77) und ihm ist ein *Museum* mit einer beeindruckenden Sammlung seiner Werke gewidmet. Die Ausstellungsfläche wurde nach dreijährigem Umbau auf 21 Räume vervierfacht *(1, Place Robert Fernier)*. Sehenswert sind auch das *Atelier du Peintre* und der Courbetsche *Familienhof Ferme de Flagey (www.musee-courbet.fr)*.

MARCO POLO HIGHLIGHTS

★ **Cirque de Baume**
Der Jura zeigt sich in der Umgebung von Baume-les-Messieurs von seiner schönsten Seite
→ S. 61

★ **Ronchamp**
Le Corbusiers faszinierende Kirche ist ein meditativer Ort
→ S. 62

★ **Colmar**
Eine perfekte Kulisse für einen Historienfilm → S. 62

★ **Cathédrale St-Etienne**
Ein Kirchenbau voller Anmut und Schönheit mit Fenstern von Marc Chagall in Metz → S. 64

★ **Place Stanislas**
Einer der schönsten Plätze Frankreichs befindet sich in Nancy → S. 66

★ **Straßburg**
Eine moderne Stadt der Sehenswürdigkeiten → S. 68

Beton in Vollendung: die Wallfahrtskirche von Le Corbusier in Ronchamp

RONCHAMP ⭐ (177 E5) (*ℳ N6*)

Man muss einen großen Umweg in Kauf nehmen, um Le Corbusiers Kirche, die 85 km nordöstlich von Besançon im Regionalpark *Ballons des Vosges* steht, zu sehen. Jedes Jahr pilgern Scharen von Menschen hinauf zu der weißen Wallfahrtskirche *Notre-Dame-du-Haut.* Oben auf einem grünen Hügel thront das wagemutig gestaltete Gotteshaus aus Beton von 1955 und fasziniert die Besucher mit seiner Reinheit und der Weichheit der Formen sowie dem schlichten Innern. *www.chapellederonchamp.fr | tgl. Okt.–März 10–16, April–Sept. 9.30–19 Uhr | Eintritt 5 Euro*

COLMAR

(177 F5) (*ℳ O5*) ⭐ **An der idyllischen elsässischen Vorzeigestadt (65 000 Ew.) des Departements Haut-Rhin scheint die Zeit spurlos vorübergegangen zu sein.**

Die bestens erhaltene und sanierte Altstadt mit Fachwerkhäusern aus Mittelalter und Renaissance würde sich perfekt als Kulisse für einen Historienfilm eignen und spiegelt in ihrer Architektur die wechselvolle deutsch-französische Geschichte des Orts wieder.

SEHENSWERTES

ALTSTADT

Das historische Zentrum von Colmar erkunden Sie am besten über einen Rundgang, den Sie an der *Place du 2 Février* beginnen. Dort stehen das Alte Hospiz, die evangelische Kirche *Saint-Matthieu* sowie das Renaissancehaus *Maison des Arcades.* Überqueren Sie die *Grand' Rue* und gehen via *Rue Morel* zur *Place de la Cathédrale Saint-Martin* und weiter zur *Place des Martyrs.* Von dort geht es zur *(Maison des Têtes),* die unschwer an ihren 100 Köpfen an der Fassade zu erkennen ist, und weiter über die *Rue des Boulan-*

gers zur *Rue des Marchands.* Hier befindet sich das schönste Haus Colmars, die mit Lüftelmalerei verzierte *Maison Pfister* aus dem Jahr 1537. Der Rundgang endet an der *Place de l'Ancienne-Douane,* wo das alte *Zollhaus* von 1480 mit seinen bemalten Ziegeln und der *Schwendibrunnen* stehen. Einen Stadtplan mit historischem Rundgang bekommen Sie im *Office de Tourisme* gegenüber dem *Musée d'Unterlinden (www.ot-colmar.fr).*

MUSÉE BARTHOLDI
Der Bildhauer Frédéric Auguste Bartholdi (1834–1904), Schöpfer der Freiheitsstatue, die Frankreich den USA zur Unabhängigkeitsfeier 1876 schenkte, wurde in Colmar geboren. Er schuf viele Standbilder für französische Städte. *30, rue des Marchands | www.musee-bartholdi.com | Mi–Mo 10–12, 14–18 Uhr, Jan./Feb. geschl. | Eintritt 4,50 Euro*

MUSÉE D'UNTERLINDEN
Untergebracht in einem alten Konvent aus dem 13. Jh. mit einem sehr schönen Kreuzgang, ist das Museum ein Schmuckstück, das Schätze wie den berühmten Isenheimer Altar von Matthias Grünewald (etwa 1480–1528) zeigt. *1, rue d'Unterlinden | www.musee-unterlinden.com | Mai–Okt. tgl. 9–18, Nov.–April Mi–Mo 9–12 und 14–17 Uhr | Eintritt 8 Euro*

PETITE VENISE
Das hübsche Viertel rund um das Flüsschen Lauch mit seinen blumengeschmückten bunten Holzhäusern ist ein Ort für Romantiker. In dem Viertel waren früher die Färber und Fischer angesiedelt. Highlight ist das *Quartier de la Krutenau* mit seinen Gemüsegärten. Auf der Lauch können Sie Klein-Venedig von Holzbooten aus gemächlich gleitend betrachten (**INSIDER TIPP** ► *Barques La Krutenau |*

1, rue de la Poissonnerie | April–Okt. tgl. 10–18.30 Uhr | 5,50 Euro pro Person).

ESSEN & TRINKEN

CÔTÉ COUR-CÔTÉ FOUR
Boulangerie hinter der Kathedrale mit langer Theke für Frühstück mit frischem Gebäck oder Mittagsimbiss mit Flammkuchen; nebenan eine moderne Brasserie. *1, rue St-Martin | Tel. 03 89 24 96 99 | www.cotecour-cotefour.fr | So/Mo geschl. | €*

ÜBERNACHTEN

HÔTEL TURENNE
In der Nähe von *Petite-Venise* liegt dieses rustikal eingerichtete Hotel mit

Schmuckes Zentrum: Altstadt von Colmar

reichhaltigem Frühstück. *83 Zi. | 10, route de Bâle | Tel. 03 89 21 58 58 | www.turenne.com | €–€€*

ZIELE IN DER UMGEBUNG

MASSIF DES VOSGES (177 F5) (*N5*)
Ein Wander- und Wintersportparadies sind die Vogesen, rund 63 km westlich

Rathaus in Metz

von Colmar. Die INSIDER TIPP *Route des Passes Ballons d'Alsace* (bis 1247 m) ist der älteste Wanderweg des Massivs. Er wurde unter Ludwig XV. angelegt. Ausgangspunkt ist *Saint-Maurice-sur-Moselle* mit einem schönen Blick über das Moseltal (Infos unter *www.smiba.fr)*. Im Winter ist hier ein vielfältig nutzbares Skigebiet. Übernachten können Sie z. B.im Hotel *Le Chalet du Lac* in *Gérardmer (11 Zi. | 97, chemin de la droite du Lac | Tel. 03 29 63 38 76 | €€)*.

MULHOUSE (177 F5) (*O5*)
Die rund 43 km südlich von Colmar gelegene Stadt (110 000 Ew.) ist nach Straßburg die größte im Elsass und gilt als Wirtschaftszentrum der Region. Mulhouse hat sich seinen Altstadtkern erhalten und bietet spannende Ausstellungen, z. B. das *Musée de l'Impression sur Étoffes* mit 6 Mio. Textilmotiven *(Di–So 10–12 und 14–18 Uhr | 14, rue Jean-Jacques Henner | www.musee-impression.com | Eintritt 8 Euro)*. Sehenswert: das Renaissance-Rathaus an der *Place de le Réunion* und das *Musée National de l'Automobil/ Collection Schlumpf* mit 600 Edelkarossen von Bugatti bis Rolls-Royce *(tgl. April–Okt 1–18, sonst 10–17 Uhr | 129, avenue de Colmar | www.collection-schlumpf.com | Eintritt 10,50 Euro)*.

METZ

(177 E3) (*N4*) **Stadt der Gärten und der Lichter nennt man die lothringische Hauptstadt (125 000 Ew.) an der Mündung der Seille in die Mosel.**
Wegen der großartigen nächtlichen Illuminierung der Metzer Kirchen, Brücken, Plätze, Monumente und Häuser bekam die Stadt den *Grand Prix National Lumière.* Es lohnt sich, an einer der thematischen Nocturnes-Führungen teilzunehmen und tagsüber Streifzüge durch die weitläufige Altstadt zu unternehmen.

SEHENSWERTES

CATHÉDRALE ST-ETIENNE ★
Die alles überragende gotische Kathedrale mit ihrem fast 42 m hohen Innenraum trägt wegen ihrer monumentalen Glasfenster auf 6500 m² den Beinamen *Lanterne du Bon Dieu.* Von weit her strömen Besucher, um die Chorfenster aus verschiedenen Epochen zu bewundern.

An den von Marc Chagall entworfenen Fenstern (1963) geht niemand vorbei, ohne den Blick ins typische Bleu des Künstlers zu versenken. Gleich neben der Kathédrale befindet sich die Markthalle ● *Marché Couvert,* lohnenswert auch, wenn Sie nichts kaufen möchten.

CENTRE POMPIDOU

In dem Kunsttempel im *Quartier de l'Amphithéâtre* werden Wechselausstellungen moderner und zeitgenössischer Kunst gezeigt. Auf einem sechseckigen Hauptschiff ruht eine 77 m hohe Dachkonstruktion aus Holz, in der sich drei Galerien kreuzen, an deren Enden ☼ riesige Fenster INSIDER TIPP Panoramaansichten auf Metz eröffnen. *1, parvis des Droits-de-l'Homme | www.centrepompidou-metz.fr | Mo und Mi 11–18, Do/Fr 11–20, Sa 10–20, So 10–18 Uhr | Eintritt 7 Euro*

ESSEN & TRINKEN

LE BISTROT DE G

Klassisches, trubeliges *petit resto* mit reicher Menüauswahl und Tagestipps. *9, rue Faisan | Tel. 03 87 37 06 44 | www.restaurant-bistrotdeg.com | So/Mo geschl. | €€–€€€*

AM ABEND

VILLA ROUGE

Wer einmal richtig abtanzen möchte, sollte in die *Villa Rouge* gehen. *39, rue de Pont à Mousson | www.villarouge.fr | So–Do geschl.*

ÜBERNACHTEN

INSIDER TIPP HÔTEL DE LA CATHÉDRALE

In zwei verwinkelten Gebäuden der 400 Jahre alten Poststation neben der Kathedrale schlafen Sie in romantischem Dekor

unter Fachwerkgiebeln. *20 Zi. | 25, Place de la Chambre | Tel. 03 87 75 00 02 | www.hotelcathedrale-metz.fr | €€*

ZIEL IN DER UMGEBUNG

SCHLACHTFELDER VON VERDUN
(177 D3) *(∅ M4)*

Traurige Zeugnisse des „Großen Kriegs", wie die Franzosen den Ersten Weltkrieg nennen, sind die Schlachtfelder von Verdun, 86 km westlich von Metz. Dort befinden sich das mächtige *Fort de Douaumont* und das Beinhaus *Ossuaire* mit seinen Grabmälern aus Granit. Rund 800 000 Franzosen und Deutsche ließen hier in den Jahren 1916 und 1917 während der furchtbaren Schlachten ihr Leben, wurden verwundet oder gelten als vermisst. *www.verdun-douaumont.com | April–Okt. Mo–Fr 9–18, Sa/So 10–18, Nov.–Mitte Dez. und März tgl. 12–14 Uhr*

NANCY

(177 E4) *(∅ N4)* **Die ehemalige Hauptstadt (100 000 Ew.) des Herzogtums**

LOW BUDGET

▶ *Zukunft Saar-Moselle Avenir:* Das deutsch-französische Touristenticket ermöglicht Ermäßigungen in über 150 Stätten und Museen. Infos: *www.saarmoselle.org* oder in Deutschland unter *Tel. 0681 5 06 61 62*

▶ *Strasbourg Pass:* Für 12,40 Euro bekommen Sie touristische Angebote gratis oder zum halben Preis *(Office de Tourisme).*

Lothringen verdankt ihr prachtvolles Aussehen ihrer tragischen Historie.
Aufgrund eines Großbrands und mehrmaliger Zerstörungen wurde sie mehr oder minder im 18. Jh. völlig neu aufgebaut.

SEHENSWERTES

MUSÉE DE L'ÉCOLE DE NANCY

Ein Muss für Fans der Bewegung *Art nouveau:* Möbel, Keramik, Stoffe, Glaskunst, Fayencen und viele Werke des *École de Nancy*-Künstlers Emile Gallé lassen den Besuch zu einem inspirierenden Erlebnis werden. *36–38, rue Sergent Blandan | Mi–So 10–18 Uhr | Eintritt 6 Euro*

PLACE STANISLAS ⭐

Der glanzvolle barocke Platz verdankt seine Pracht dem Polen Stanislas Leszcynski, einem abgesetzten polnischen König, der von Ludwig XV. zum Herzog von Lothringen ernannt wurde. Stanislas nutzte seine Reichtümer, Nancy zu verschönern, und dieser Platz ist sein Meisterstück. Die Leichtigkeit und Eleganz der ihn umgebenden vergoldeten Eisengitter beeindruckt. Sie sollten Richtung Place Maginot und auch durch das Viertel westlich des großen Parc de la Pépinière bei Saint-Epvre schlendern. In Nancy befindet sich das geschlossenste Ensemble von Gebäuden aus dem 18. Jh. in Frankreich, als Unesco-Welterbe anerkannt.

ESSEN & TRINKEN

PINOCCHIO CAFÉ

Das quirlige kleine Café an der Place St-Epvre ist ein beliebter Treffpunkt der Einheimischen. *Mo–Fr 8.15–24, Sa ab 9 Uhr*

LES PISSENLITS

Erschwingliches Gourmetrestaurant in Marktnähe: entspannte Atmosphäre, gute regionale Küche. *25 bis, rue des Ponts | Tel. 03 83 37 43 97 | www.les-pissenlits.com | So/Mo geschl. | €–€€*

ÜBERNACHTEN

HÔTEL DE GUISE

Wenige Meter von der Place Stanislas entferntes, charmantes Hotel mit stilvoller Inneneinrichtung aus Antiquitäten. *48 Zi. | 18, rue de Guise | Tel. 03 83 32 24 68 | www.hoteldeguise.com | €€–€€€*

REIMS

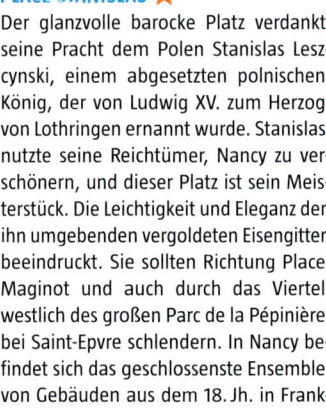

(176 C3) (*L3–4*) **Gotik trifft Champagner – so könnte man in Kürze das Flair der Stadt (190 000 Ew.) beschreiben.** Reims ist Sitz des Erzbischofs, Universitätsstadt und Heimat der großen Champagnerhäuser.

SEHENSWERTES

CATHÉDRALE NOTRE-DAME

Notre-Dame ist die wichtigste Sehenswürdigkeit im Zentrum der ehemaligen Krönungsstadt und eine der größten Kathedralen der Welt. Sie gehört zum Kulturerbe der Menschheit und ist einzigartig in ihrer reichen Ausstattung an Steinarbeiten, Skulpturen und Glasfenstern. Beachten Sie besonders die Reliefs an der Westfassade. 1211 wurde der erste Stein gelegt, 1285 war der Bau fertig. 26 französische Könige wurden hier gekrönt. Den schönsten Blick auf das imposante Gotteshaus haben Sie vom ☀ *Cours Anatole-France.*

PALAIS DU TAU

Hier befinden sich die Kirchenschätze. *2, Place du Cardinal Luçon | Mi–Mo Mai–Aug. 9.30–18.30, sonst 9.30–12.30 und 14–17.30 Uhr | Eintritt 7 Euro*

INSIDER TIPP **WEINKELLER**

Die tiefen Keller der Champagnerhäuser *Veuve Cliquot*, *Pommery*, *Mumm*, *G. H. Martel*, *Canard-Duchêne* oder *Taittinger* stehen zur Besichtigung offen. Informationen erhalten Sie direkt auf den Firmenwebsites oder beim Fremdenverkehrsamt von Reims *(2, rue Guillaume de Machault | Tel. 03 26 77 45 00 | www.reims-tourisme.com)*.

ZIELE IN DER UMGEBUNG

CHÂLONS-EN-CHAMPAGNE
(176 C3) *(*∅ *L4)*

In der Champagnerstadt (60 000 Ew.) rund 50 km südöstlich von Reims ist vor allem die Kathedrale *Saint-Etienne* sehenswert. Hier fanden zwei wichtige Hochzeiten statt: Philipp von Orléans, Bruder Ludwigs XIV., vermählte sich 1671

In Reims bekommen Sie natürlich Champagner, aber andere Getränke gibt es auch

ESSEN & TRINKEN

LES CRAYÈRES
Feinschmeckerrestaurant im luxuriösen Ambiente eines Schlosshotels, 2 km vom Zentrum. *64, boulevard Henry Vasnier | Tel. 03 26 24 90 00 | www.lescrayeres.com | Mo/Di geschl. | €€€*

ÜBERNACHTEN

HÔTEL DE LA CATHÉDRALE
Günstig und zentral, sehr gemütlich eingerichtet. *17 Zi. | 20, rue Libergier | Tel. 03 26 47 28 46 | www.hotel-cathedrale-reims.fr | €*

mit Liselotte von der Pfalz, der *Grand Dauphin* Louis de Bourbon 1680 mit Maria Anna von Bayern.

TROYES (176 C4) *(*∅ *L5)*
Die malerische Universitätsstadt Troyes (62 000 Ew.) 125 km südlich von Reims mit pittoresker Fachwerkarchitektur ist reich an Kirchen mit schönen Glasfenstern *(z. B. Cathédrale Saint-Pierre-et-Saint-Paul)*. Wer sich für Fauvismus oder die Kunst der Naturvölker Afrikas begeistert, findet diese im *Musée d'Art Moderne (14, Place Saint-Pierre | www.ville-troyes.com | Mai–Sept. Di–Fr 10–13 und 14–19, Sa/So 11–19, sonst Di–Fr 10–12 und 14–17,*

Sa/So 11–18 Uhr | Eintritt 5 Euro). Eine idyllische, preiswerte Unterkunft gibt es in der *Rue de la Monnaie* in einem Häuserensemble des 16. Jhs.: INSIDER TIPP *Hôtel des Comtes de Champagne (35 Zi. | Tel. 03 25 73 11 70 | www.comtesde champagne.com | €–€€).* Weinkenner kommen auf ihre Kosten im Bistro *Aux Crieurs de Vin (4–6, Place Jean-Jaurès | Tel. 03 25 40 01 01 | www.auxcrieursde vin.com | So/Mo geschl. | €).*

STRASSBURG (STRASBOURG)

(177 F4) (𝄞 O4) ⭐ **Straßburg, die Hauptstadt (260 000 Ew.) des Elsass ist eine europäische Metropole par excellence.**

Nicht nur, weil hier das Europaparlament in einem futuristischen Glaspalast zusammenkommt. Straßburg ist reich an kulturellen Schätzen und Ereignissen. Das Ambiente mit einem supermodernen Tram-Netz ist ebenso stark von den 40 000 Studenten der drei staatlichen Universitäten, der *Space University* und der Elite-Verwaltungshochschule ENA geprägt.

SEHENSWERTES

CATHÉDRALE NOTRE-DAME

Das Straßburger Münster ist eine der größten Sandsteinbauten der Welt und vereint in meisterlicher Weise romanischen und gotischen Baustil. Die berühmte, mit Figuren geschmückte Westfassade ist gotisch, der Nordturm wurde 1439 fertig gestellt, der Südturm aber nie gebaut. Die asymmetrische Fassade ist das Wahrzeichen des Elsass. Ein besonderes Augenmerk verdienen die Fensterrosette und die astronomische Uhr mit Erd- und Mondbahn. Am Kathedralenplatz steht auch die Mai-

son Kammerzell, eines der spektakulärsten Fachwerkhäuser der Stadt.

> ### CITY WOHIN ZUERST?
> Erkunden Sie zu Fuß die **Altstadtinsel** zwischen dem Flüsschen Ill und dem Fossé du Faux Rempart. Schlendern Sie durch die Einkaufsstraßen rund um den Place Kléber und lassen Sie sich vom Touristenstrom zum alten Gerberviertel Petite France treiben. Zentrale Haltestelle ist Place Broglie. Hier können Sie auch Ihr Auto abstellen.

MUSÉE D'ART MODERNE ET CONTEMPORAIN

Das Museum stellt u. a. Werke von Paul Klee, Hans Arp, Pablo Picasso, Serge Poliakoff und Wassily Kandinsky aus. *1, Place Hans Jean Arp | Di, Mi und Fr 12–18, Do 12–21, Sa/So 10–18 Uhr | Eintritt 6 Euro*

INSIDER TIPP MUSÉE TOMI UNGERER

11 000 satirische, politische, werbliche, erotische Zeichnungen des Karikaturisten und Illustratoren befinden sich in der Villa Greiner. Ausgestellt sind etwa 300 Originale. *2, avenue de la Marseillaise | Mo, Mi und Do/Fr 12–18, Sa/So 10–18 Uhr | Eintritt 6 Euro*

ESSEN & TRINKEN

L'ATABLE 77

Die perfekte Alternative zur *Winstub*: modern gestaltetes Restaurant in der Altstadt mit Nouvelle Cuisine. *77, Grand-Rue | Tel. 03 88 32 23 37 | www. latable77.com | So/Mo geschl. | €€€*

CAVEAU GURTLERHOFT

Kellerrestaurant mit einem Säulengewölbe und traditioneller Küche. *13, Place de*

la Cathédrale | Tel. 03 88 75 00 75 | www.
gurtlerhoft.com | €€

AM ABEND

Das Nachtleben in Straßburg konzent-
riert sich auf die *Place du Marché Gayot*
und die Viertel *Krutenau* und *Finkwil-
ler*. Große Diskotheken gibt es in den
Vororten, wie zum Beispiel das *Le Cha-
let (376, route de la Wantzenau | www.
strasbourg-by-night.com)*.

INSIDER TIPP ▶ LE RAFIOT

Trinken, loungen und tanzen auf einem
echten *peniche,* einem Hausboot, mit
Blick auf die Altstadt. Junges Szenepub-
likum trifft sich hier zu Themenabenden.
Quai des Pêcheurs | www.rafiot.net

ÜBERNACHTEN

HÔTEL BEAUCOUR
Mitten im Zentrum: ein sehr charmantes
Hotel in mehreren alten Gebäuden, auch
mit Familienzimmern. *49 Zi. | 5, rue des
Bouchers | Tel. 03 88 76 72 00 | www.
hotel-beaucour.com | €€€*

HÔTEL SUISSE
Hotel mit sehr hübschen Zimmern mit
Blick auf das Straßburger Münster. *25 Zi. |
2–4, rue de la Râpe | Tel. 03 88 35 22 11 |
www.hotel-suisse.com | €€*

AUSKUNFT

OFFICE DE TOURISME
*17, Place de la Cathédrale | Tel.
03 88 52 28 28 | www.ot-strasbourg.com*

ZIEL IN DER UMGEBUNG

HAUT-KŒNIGSBOURG (177 F4) (⌖ O5)
Die Burg 51 km südlich von Straßburg
diente schon als Filmkulisse. Erbaut von
den Hohenstaufern im 12. Jh., kam sie
1899 in den Besitz von Wilhelm II., der
sie im Zeitgeist des 19. Jhs. restaurieren

Cathédrale Notre-Dame in Straßburg

ließ. *www.haut-koenigsbourg.fr | tgl.
Nov.–Feb. 9.30–12 und 13–16.30, März
und Okt. 9.30–17, April, Mai und Sept.
9.15–17.15, Juni–Aug. 9.15–18 Uhr | Ein-
tritt 8 Euro*

DER NORDEN

Schlechtes Wetter, hohe Industrialisierung – der Norden hat gegen Vorurteile anzukämpfen. Dabei sind die Regionen Picardie, Nord-Pas-de-Calais und Haute-Normandie sehr wohl eine Reise wert.

Nordfrankreich – das heißt gastfreundliche Menschen, atemberaubende Steilküsten, großartige Stadtarchitektur, gigantische Kathedralen, liebliche Glockenspiele, fröhliche Feste, riesige Flohmärkte, üppige Gastronomie. Die nördlichste Region des Hexagons erstreckt sich zwischen Ärmelkanal (La Manche) und Ardennen. Die weitläufige Picardie wiederum besticht mit ihren schönen Waldgebieten. Die traumhafte Steilküste der Haute-Normandie mit spektakulären Kreidefelsen und mondänen Badeorten lockt nicht nur die nahen Pariser an.

Ausführliche Informationen zu dieser Region finden Sie im MARCO POLO Band „Normandie".

AMIENS

(176 B2) *(ﾉ J3)* **Die Hauptstadt der Region Picardie (135 000 Ew.) war bedeutender mittelalterlicher Handelsmarkt.** Sie erlangte durch die Schlacht an der Somme 1916 mit 1 Mio. gefallenen, vermissten und verletzten Soldaten traurige Berühmtheit. 1940 und 1944 wurde die Stadt durch Luftangriffe zerstört. Heute ist Amiens eine pulsierende und dank der 22 000 Studenten junge Stadt. Die Architektur des Wiederaufbaus charakterisiert sie ebenso wie das angesagte Altstadt-

Bild: Normandie, Küste bei Étretat

Viele Attraktionen zwischen Belgien und dem Ärmelkanal – Frankreichs gastfreundlicher Nordzipfel hat es in sich

Quartier Saint-Leu und die zahlreichen Kanäle.

SEHENSWERTES

CATHÉDRALE NOTRE-DAME ★

Amiens besitzt eine der schönsten und weitläufigsten Kathedralen der französischen Hochgotik, die heute zum Unesco-Kulturerbe zählt und einst Vorbild für den Kölner Dom war. Der Bau begann 1220 und wurde bereits 1269 beendet. Drei reich mit Statuen verzierte Portale bilden die Fassade. Das Kirchenschiff zählt mit über 40 m Höhe zu den höchsten in Frankreich. Von Juni bis September sollten Sie sich zwischen 22 und 23 Uhr das fantastische Lichtspektakel *La Cathédrale en Couleurs* nicht entgehen lassen.

HORTILLONAGES

Auf 300 Hektar und 60 Wasserkilometer erstrecken sich die von Somme und Avre gespeisten schwimmenden Gärten von Amiens, ein aus Torfstich entstandenes Biotop aus vorrömischer Zeit mitten in

Chantilly gehört zu den wichtigsten Trainingszentren für Vollblutpferde weltweit

der Stadt. Mit Flachbooten bewegen sich Gärtner und Ausflügler in dem Obst- und Gemüseanbaugebiet *(Markt Sa, Place Parmentier); kommentierte Rundfahrten* von April bis Oktober *(54, boulevard de Beauvillé | Tel. 03 22 92 12 18).* Spazierwege auf Treidelpfaden führen an der Somme zwischen Gemüsegärten entlang.

ESSEN & TRINKEN

INSIDER TIPP **LE T'CHIOT ZINC**

Traditionelle Gerichte im charmanten Rahmen einer alten Konditorei bekommen Sie in diesem Bistro. *18, rue de Noyon | Tel. 03 22 91 43 79 | Mo mittags und So geschl. | €€*

ÜBERNACHTEN

HÔTEL LE SAINT-LOUIS
Liebevoll eingerichtete Zimmer. *25 Zi. | 24, rue des Otages | Tel. 03 22 91 76 03 | www.le-saintlouis.com | €–€€*

CHANTILLY

(176 B3) *(⊠ K4)* ★ **Die Stadt (12 000 Ew.) rund 52 km nördlich von Paris ist in vielerlei Hinsicht berühmt.**
Nach ihr wurde in Frankreich die Schlagsahne benannt, hier wurde der James-Bond-Film „Im Angesicht des Todes" gedreht, und das Schloss wie auch seine Pferdeturniere sind weltberühmt. Das von einem tiefen Wald umgebene, aus mehreren Gebäuden bestehende Château wurde im 16. Jh. von Anne de Montmorency erbaut und in den folgenden Jahrhunderten immer mehr erweitert und verschönert. Sehenswert sind das Kabinett der Bücher, die Appartements, der Salon der Affen und auch der Park *(Besichtigung Mi–Mo April–Okt. 10–18, Nov. bis März 10.30–17 Uhr | www.chateaudechantilly.com | Eintritt 11 Euro).* In den ehemaligen Stallungen des Schlosses befindet sich das *Pferdemuseum (Mi–Mo 14–17 Uhr),* in

dem auch lebende Ponys und Pferde zu sehen sind. Hier erfahren Sie alles Wissenswerte über die Welt der Pferde und können bei Dressurvorführungen dabei sein. Dank des sandigen Bodens gehört Chantilly zu den größten und wichtigsten Trainingszentren weltweit für Vollblüter.

ZIEL IN DER UMGEBUNG

COMPIÈGNE (176 B3) (*ω K3*)

In der Stadt (70 000 Ew.) 84 km nördlich von Paris erholten sich einst die Könige. 1738 erbaute Ludwig XV. das Schloss *(Mi–Mo 10–18 Uhr | Eintritt 6,50 Euro)*, das von einem herrlichen, kostenlos zugänglichen ● Landschaftspark umgeben ist. Später wurde der Ort zum Schauplatz mehrerer Waffenstillstände zwischen Frankreich und Deutschland. Im berühmten Wald ist noch heute der Salonwagen des Marschalls Ferdinand Foch *(Mi–Mo 9–12 und 14–18 Uhr | Eintritt 4 Euro)* zu besichtigen, in dem am 11. November 1918 der Erste Weltkrieg sein Ende nahm.

ÉTRETAT

(175 E2) (*ω H3*) Seine schneeweißen Felsen machten den kleinen Badeort (1600 Ew.), der einst ein einfaches Fischerdorf war, berühmt.

SEHENSWERTES

FALAISE D'AVAL ★

Die bizarr geformten Kreideklippen, allen voran *Falaise d'Aval (*mit dem natürlich geformten Bogen) und *Falaise d'Amont,* ziehen seit Jahrhunderten Maler und Schriftsteller in ihren Bann. Beide Felsen kann man besteigen. Auf Amont haben Sie von der ⚜ Kapelle der Seeleute aus einen schönen Blick auf das Städtchen und die Küste.

ESSEN & TRINKEN

L'HUÎTRIÈRE

Frisches direkt aus dem Meer erhalten Sie in diesem Restaurant – wie der Name schon vermuten lässt. *Rue de Traz-Perier | Tel. 02 35 27 02 82 | www.lhuitriere.com | tgl. | €€*

ÜBERNACHTEN

INSIDER TIPP ▸ LA RESIDENCE

Eher einfach, aber durchaus nett kommen Sie in diesem kleinen Hotel unter, dessen Räumlichkeiten in einem Herrensitz aus dem 14. Jh. liegen. *15 Zi. | 4, boulevard René-Coty | Tel. 02 35 27 02 87 | www.hotels-etretat.com | €–€€€*

★ **Cathédrale Notre-Dame**
Historie und Schönheit der Kathedrale von Amiens sind einzigartig → S. 71

★ **Chantilly**
Ein Höhepunkt nicht nur für Pferdefreunde → S. 72

★ **Falaise d'Aval**
Dieser Felsen bei Étretat ist ein Naturschauspiel → S. 73

★ **Lille**
Viel Kunst und Architektur hoch im Norden → S. 74

★ **Rouen**
Stadt und Kathedrale als Gesamtkunstwerk → S. 77

★ **Giverny**
Reiner Romantik begegnen Sie in Claude Monets letztem Zuhause → S. 78

MARCO POLO HIGHLIGHTS

ZIELE IN DER UMGEBUNG

FÉCAMP (175 E2) (*ᗞ H3*)

Die Bade- und Hafenstadt (20 000 Ew.) 20 km nordöstlich von Étretat ist vielen durch ihren Benediktinerlikör bekannt. Fécamp ist eng mit dem Meer verbunden: Seit der Renaissance wird hier Kabeljau gefangen. Inzwischen liegen im Hafen jedoch mehr Yachten als Fischkutter. Sehr einfach, aber günstig wohnen Sie im Hotel *Normandy (33 Zi. | 4, avenue Gambetta | Tel. 02 35 29 55 11 | www. normandyfecamp.com | €–€€)*.

INSIDER TIPP ▶ LE HAVRE
(175 E2) (*ᗞ H3*)

Der größten Stadt (190 000 Ew.) der Haute-Normandie, 30 km südlich von Étretat, verlieh die Unesco das Gütesiegel „Welterbe der Menschheit". Geschützt ist seither die Innenstadt voller Betonbauten von Le Corbusier-Schüler Auguste Perret. Im Stil des strukturellen Klassizismus gab er dem zweitgrößten Container- und Yacht-Seehafen Frankreichs nach 1945 ein neues Profil. Auf Höhe der nördlichen Mole *(digue nord)* befindet sich der größte kostenlose ● Freiluft-Skatepark Frankreichs. Im Zentrum liegen wie hingeworfen zwei ufo-artige weiße Gebäude, die das Kulturzentrum *Le Volcan* beherbergen. An der restaurierten Kathedrale Notre-Dame (16. Jh.) sticht der viereckige Glockenturm ins Auge. Die Orgel von 1638 ist immer noch in Betrieb (oft kostenlose Sonntagskonzerte um 16.30 Uhr). Le Havre ist die Stadt des gleißenden Ozeanlichts. Das ● *Musée des Beaux-Arts André Malraux* enthält die nach dem Musée d'Orsay bedeutendste impressionistische Sammlung *(2, boulevard Clémenceau | Mo und Mi–Fr 10–18, Sa/So 10–19 Uhr | Eintritt 5 Euro)*.

LILLE

(176 B1) (*ᗞ K2*) ★ **Die Hauptstadt des französischen Flanderns (220 000 Ew.) nahe der belgischen Grenze gibt sich als europäische Stadt.**

Lille hat eine turbulente und kriegerische Geschichte. Mal flämisch, mal niederlän-

Gleich ist der rettende Hafen erreicht: Segelboot am Leuchtturm von Fécamp

disch, mal unter Order von Burgund, mal von Spanien, wurde Lille erst im 18. Jh. endgültig französisch. Lille ist Universitätsstadt mit 20 000 Studenten, bedeutender Standort der Textilindustrie, internationaler Verkehrsknotenpunkt. Das einstige Kohlerevier mit tiefschwarz verschmutzten flämischen Palästen stieg in den 90er Jahren wie Phönix aus der Asche zur attraktivsten, umtriebigsten und idyllischsten Stadt des französischen Nordens auf. Die Lilloiser Bürger sind lebenslustig, weltoffen und stolz auf ihre regionalen Traditionen.

SEHENSWERTES

ALTSTADT

Die wunderschöne Altstadt von Lille mit gewundenen Gassen, altem Kopfsteinpflaster, Torbögen und Innenhöfen bietet sich für einen ausgedehnten Bummel an, beginnend an der *Grand' Place,* die seit 1944 offiziell Place du Géneral de Gaulle heißt (Geburtshaus: *9, rue Princesse | www.maison-natale-de-gaulle.org | Mi–So 10–13, 14–18 Uhr).*

Die architektonischen Glanzstücke von Lille lassen Historie visuell lebendig werden. Schräg gegenüber der prächtigen Alten Börse, einem Barockbau aus flämischer Zeit (1653), sieht man das 1717 im streng klassischen französischen Stil erbaute Théâtre du Nord, das als Unterkunft der Königsgarde diente. Noch eindrucksvollere bauliche Kontraste bietet die Place du Théâtre mit der von Louis Cordonnier 1903 im neobarocken Stil errichteten Chambre de Commerce et d'Industrie, seiner neuen Opéra (1923) und als optische Krönung den barocken Straßenzug Le Beauregard. Das einzige Gebäude in Lille, das aus burgundischer Zeit erhalten blieb, ist das an Fensterdekorationen reiche gotisch-renaissancehafte Palais Rihour (1473) am gleichnamigen Platz.

INSIDER TIPP ▸ BRADERIE DE LILLE

Beim größten Flohmarkt Europas brodelt Lille am ersten Septemberwochenende mit 2 bis 3 Mio. Besuchern. Zwischen Samstag 14 Uhr und Sonntag 23 Uhr schläft niemand, es ist ein gigantisches Festival mit Straßenkonzerten, Großbühnen und guten Geschäften der Antikhändler und Schnäppchenjäger auf Hunderten von Bürgersteigkilometern. Während der Braderie isst man *moules-frites,* die Restaurants konkurrieren um den höchsten Berg geleerter Miesmuscheln vor der Tür. Mehrfacher Sieger und auch sonst eine gute Adresse: Brasserie-Restaurant ● *Aux Moules 1930:* flämische Menüs, kleine Gerichte zwischendurch, nostalgische Einrichtung *(34, rue de Béthune. | Tel. 03 20 57 12 46 | www.auxmoules.com | tgl. 12–23 Uhr | €–€€).*

MUSÉE DE L'HOSPICE COMTESSE

Das von Jeanne de Flandre 1237 gestiftete Gebäude diente bis 1939 als Krankenhaus. Krankensaal und medizinischer

Garten der Augustinerinnen erinnern daran. Der Besuch lohnt sich allein schon wegen der einmaligen Kollektion anrührender Kinder-Ölgemälde, die von glücklichen Eltern genesener Töchter und Söhne gestiftet wurden. *32, rue de la Monnaie | Mi–So 10–12.30, Mi–Mo 14–18 Uhr | Eintritt 3,50 Euro*

PALAIS DES BEAUX-ARTS

Das Museum ist bekannt für seine guten Wechselausstellungen und seine Kunstschätze aus Mittelalter und Renaissance. Sammlung von Keramiken, Skulpturengalerie, Gemäldesammlung mit vielen flämischen Meistern. *Place de la République | www.pba-lille.fr | Mo 14–17, Mi–So 10–18 Uhr | Eintritt 6 Euro*

ESSEN & TRINKEN

LA TÊTE DE L'ART

Hier wird Essen zur Kunst erhoben. In stilvollem Rahmen genießen hier die Einheimischen die zahlreichen Menüs. *10, rue de l'Arc | Tel. 03 20 54 68 89 | www.*

LOW BUDG€T

▶ Die Fremdenverkehrsbehörde Amiens bietet von April bis Oktober in Zusammenarbeit mit der ansässigen Hotellerie einen günstigen Entdeckerpass mit zahlreichen Ermäßigungen *(www.amiens.com)*.

▶ *Lille Metropole City Pass:* Mit diesem Pass haben Sie freie Fahrt im öffentlichen Verkehrsnetz von Lille und Umgebung plus Eintritt in 25 Sehenswürdigkeiten. Verkauf im Fremdenverkehrsamt oder online *(www.cdt-nord.fr)*

latetedelart-lille.com | Mo/Di abends geschl. | €€

INSIDER TIPP ▶ **PÂTISSERIE MEERT**

Die orientalisch verschnörkelte Art-nouveau-Außenfassade ist umwerfend, die Vanillewaffeln auch. Léopold I. war den Waffeln so verfallen, dass er Meert 1864 zum Hoflieferanten ernannte. *27, rue Esquermoise*

ÜBERNACHTEN

LA VIENNALE

Kitsch trifft Moderne trifft alte Villa: ein Herrenhaus aus dem 18. Jh., geräumige Zimmer mit Blick auf einen hübschen Innenhofgarten. *12 Zi. | 31, rue Jacques-Rousseau | Tel. 03 20 51 08 02 | www.la viennale.free.fr | €€*

AUSKUNFT

OFFICE DE TOURISME

Palais Rihour, Place Rihour | Tel. 03 59 57 94 00 | www.lilletourism.com

ZIELE IN DER UMGEBUNG

ARRAS (176 B2) (*⅏ K2*)

Fast schon theatralisch wirkt die Hauptstadt des Artois 40 km südlich von Lille (43 000 Ew.) mit ihren zwei großen Plätzen, der *Grand' Place* und der *Place des Héros* (Heldenplatz). Das älteste Haus ist das *Hôtel des Trois Luppars* aus dem 15. Jh. *(Ostel les 3 Luppars | 42 Zi. | 49, Grande Place | Tel. 03 21 60 02 03 | www.ostel-les-3luppars.com | €€)*. Die von Arkaden umsäumten Häuser verfügen über tiefe Keller, unter denen sich ein 60 km langes Kreidetunnelsystem befindet. Die ● *boves* dienten als Waffenlager, Weinkeller und Versteck *(Zugang im Rathauskeller unter dem Office de Tourisme, Führungen)*. Traditionelle *andouillettes*,

Würste aus Innereien, bekommen Sie im *La Table de Sabine (16, rue de la Justice | Tel. 03 21 15 61 10 | So/Mo geschl. | €€).*

INSIDER TIPP ▶ **LA PISCINE IN ROUBAIX**
(176 B1) (📖 K2)

Der Industrievorort war und ist ein Textilzentrum. Muster, Stoffe und alles

den 100 Glockentürmen" bezeichnet und ging in die Geschichte ein, weil hier 1431 Jeanne d'Arc hingerichtet wurde.

Doch gegründet wurde Rouen schon viel früher: Die Römer legten die Grundsteine der Stadt, die mit ihren engen Gässchen, hübschen Häusern und einer prächtigen Kathedrale überzeugt.

Rouen ging in die Geschichte ein, weil hier die Jungfrau von Orléans hingerichtet wurde

was die reiche Textilhistorie der Stadt und der Region ausmacht, können Sie heute in einem ehemaligen Artnouveau-Schwimmbad bewundern. Das architektonische Schmuckstück zählt zu den bizarrsten und schönsten Museen in Frankreichs Norden. *Di–Do 11–18, Fr bis 20, Sa/So 13–18 Uhr | 23, rue de l' Espérance | www.roubaix-lapiscine.com | Eintritt 4,50 Euro*

ROUEN

(175 F2) (📖 J3) ⭐ Die Hauptstadt der Haute-Normandie (400 000 Ew.) wurde von Victor Hugo als die „Stadt mit

SEHENSWERTES

AÎTRE SAINT-MACLOU
Diese gotische Kirchenkonstruktion aus dem 15. Jh. hat eine schöne Orgel und Holzvertäfelungen aus der Renaissance zu bieten. Highlights sind das zentrale Portal sowie das angrenzende Beinhaus. *Rue Martainville*

CATHÉDRALE NOTRE-DAME
Vier Jahrhunderte lang bauten die Bürger von Rouen an der Kirche, die im Zweiten Weltkrieg schwer beschädigt wurde. Besonders schön sind die Westfassade im Flamboyantstil und die Seitenportale: das *Portail de la Calende*, ein Meister-

werk des 14. Jhs., und das *Portail des Libraires.* Im Chorbereich der Kirche befindet sich das Grabmal von Richard Löwenherz.

MUSÉE DES BEAUX ARTS

Der Parcours dieses schönen Museums orientiert sich an der Entwicklung der Kunst von der primitiven Malerei bis ins 20. Jh. Zu sehen sind u. a. Werke von Michelangelo da Caravaggio, Peter Paul Rubens, Jean-Auguste-Dominique Ingres, Auguste Renoir und Amedeo Modigliani. *Esplanade Marcel Duchamps* | *www. rouen-musees.com* | *Mi–Mo 10–18 Uhr* | *Eintritt 3 Euro*

INSIDER TIPP ▶ MUSÉE LE SECQ DES TOURNELLES

Der Ort ist außergewöhnlich: Das Museum ist in einer Kirche untergebracht und zeigt eine der bedeutendsten europäischen Sammlungen an Schmiedekunst. *Rue Jacques-Villon* | *Mi–Mo 10–13 und 14–18 Uhr* | *Eintritt 2,30 Euro*

PLACE DU VIEUX-MARCHÉ

Das Viertel rund um den alten Marktplatz besitzt viele historische Fachwerkhäuser. Hier wurde Jeanne d'Arc 1431 lebendig verbrannt; ein Kreuz erinnert an die Hinrichtung. Eine Kirche trägt ihren Namen.

ESSEN & TRINKEN

GILL

Edel und modern eingerichtetes Feinschmeckerrestaurant des mit zwei Michelinsternen ausgezeichneten Küchenchefs Gilles Tournadre. *8/9, quai de la Bourse* | *Tel. 02 35 71 16 14* | *www.gill.fr* | *So/Mo geschl.* | *€€€*

PASCALINE

Bistro in der Nähe des Justizpalasts mit gemütlicher Dekoration und attraktiven Menüs. Reservierung wird empfohlen. *5,* *rue de la Poterne* | *Tel. 02 35 89 67 44* | *www.pascaline.fr* | *tgl.* | *€*

ÜBERNACHTEN

INSIDER TIPP ▶ HÔTEL ANDERSEN

Süßes Hotel in einem alten Haus, zentral und mit heimeliger Atmosphäre. *15 Zi.* | *4, rue Pouchet* | *Tel. 02 35 71 88 51* | *www. hotelandersen.com* | *€–€€*

AUSKUNFT

OFFICE DE TOURISME

25, Place de la Cathédrale | *Tel. 02 32 08 32 40* | *www.rouentourisme.com*

ZIELE IN DER UMGEBUNG

DIEPPE (176 A2) (ℳ J3)

Die Hafenstadt 50 km nördlich von Rouen (35 000 Ew.) war einst mondäner Badeort. Heute ist der Glanz ein bisschen abgeblättert. Der Hafen mit seinen alten Fischereivierteln gilt als einer der außergewöhnlichsten der normannischen Küste. Es lohnt sich, zum Schloss hinaufzusteigen, wo Schiffsmodelle und eine Sammlung von religiösen und profanen Elfenbeinfiguren zu sehen sind *(Mi–Mo 10–12 und 14–17 Uhr* | *rue de Chastes).* Panoramablicke aus den Zimmern aufs Meer genießen Sie in dem relativ modernen 🌿 Hotel *Europe (60 Zi.* | *63, boulevard du Verdun* | *Tel. 02 32 90 19 19* | *www.hoteldieppe.com* | *€€€).*

GIVERNY ★ (175 F3) (ℳ J4)

Der Ort (520 Ew.) liegt etwa etwa 70 km südöstlich von Rouen und ist eine Pilgerstätte für Fans von Claude Monet, der hier von 1883 bis zu seinem Tod 1926 lebte. Im romantischen Garten seines Hauses entstanden die berühmten Seerosenbilder, die heute in der Orangerie in Paris hängen. *www.fondation-monet.com* |

April–Okt. Di–So 9.30–18 Uhr | Eintritt 6 Euro

LE TOUQUET-PARIS-PLAGE

(176 A1) (*🗺 J2*) Der Name, der aus dem 19. Jh. stammt, lässt schon darauf schließen, dass dieser Badeort (5300 Ew.) am Ärmelkanal gern von Parisern besucht wird.

Doch noch vor denen schätzen die Engländer das Seebad mit dem Strand, der bei Niedrigwasser bis zu 1 km breit ist, und dem Pinienwald, in dem sich Villen mit einfallsreichen Außendekorationen aneinanderreihen. Le Touquet, wie man heute kürzer sagt, ist ein gepflegter Ferienort mit einer Strandpromenade, vielen Restaurants und Hotels. Sein außergewöhnlicher, 12 km langer Strand eignet sich ideal fürs Strandsurfen *(Centre de Char à voile | boulevard Pouget | Tel. 03 21 05 33 51)*. Das schönste Hotel ist das *Westminster (115 Zi. | 5, avenue du Verger | Tel. 03 21 05 48 48 | €€€)*.

ZIELE IN DER UMGEBUNG

BOULOGNE-SUR-MER (176 A1) (*🗺 J2*)
Die Hafenstadt (100 000 Ew.) 40 km nördlich von Le Touquet lebt mit und vom Meer. Sie ist das größte europäische Handelszentrum für Meeresprodukte. Nicht verpassen sollten Sie hier das *Nausicaa (16 bis, boulevard Ste-Beuve | www. nausicaa.fr | Feb. bis Juni und Sept.–Dez. 9.30–18.30, Juli/Aug. bis 19.30 Uhr | Eintritt ab 17,40 Euro)*, ein Meereserlebnismuseum mit 36 großen Aquarien und über 10 000 Meerestieren.

CAPS GRIS-NEZ UND BLANC-NEZ ☀
(176 A1) (*🗺 J1*)
Die beiden Felsen rund 60 km nördlich von Le Touquet erlauben wunderbare Blicke über die Küste und nach England. Der Felsen von Cap Blanc-Nez fällt 134 m steil ab. Die Gegend ist berühmt für schöne Küstenwanderungen.

Giverny: In diesem Garten schuf Claude Monet seine berühmten Seerosenbilder

DER WESTEN

Im Westen Frankreichs, bestehend aus den Regionen Basse-Normandie, Pays de la Loire, Poitou-Charentes und Bretagne, blühen alte Sagen.

Hier lebten die Wikinger, hier sollen König Artus und der Zauberer Merlin durch die Wälder von Huelgoat gestreift sein, hier steht der mysteriöse Klosterberg *Mont-Saint-Michel,* und hier brechen sich die Wellen an der bretonischen „Küste der Legenden", im Norden des Finistère. Die äußerste Spitze ist eine wilde Gegend, über die oft kalter Nordwestwind und prasselnde Regenstürme fegen. Lieblicher zeigen sich der *Golf von Morbihan* mit seinen Inseln, die nordbretonische *Côte d'Armor* mit ihren kupferroten Granitfelsen und die *Côte d'Émeraude* mit smaragdgrünem Meer. Noch weiter nördlich, schon in der Normandie, schließen sich lange Strände mit mondänen Seebädern an.

Das von der Normandie im Norden und der Bretagne im Westen umschlossene *Pays de la Loire* und das südlich gelegene *Poitou-Charentes* sind künstlich im 20. Jh. geschaffene Regionen, die die Landschaften *Anjou, Maine, Poitou, Perche* und *Vendée* umfassen. Das milde Atlantikklima des Westens begünstigt Landwirtschaft, Garten- und Weinbau, die fischreiche Küste offeriert Meeresfrüchte. Der Westen verfügt über erstaunliche botanische Oasen, die dem warmen Nordatlantikstrom als Ausläufer des Golfstroms zu verdanken sind.

Nähere Informationen zu diesen Regionen finden Sie in den MARCO POLO

Bild: Bretagne, Côte de Granit Rose

Am Ende der Welt: Schroffe Küsten, weite Strände, geheimnisvolle Mythen und wildes Klima prägen die westlichen Regionen

Bänden „Bretagne", „Normandie" und „Französische Atlantikküste".

ANGERS

(175 D5) *(∅ G6)* **Von der einstigen Bedeutung als Hauptstadt der Grafschaft Anjou zeugt noch heute das glanzvolle Aussehen der Stadt (150 000 Ew.) an der Maine.**

Zahlreiche Gärten und Parks geben der Universitätsstadt ein ruhiges Flair.

SEHENSWERTES

CHÂTEAU

Die Festung mit ihren dicken Mauern aus Schiefer und 17 Türmen spiegelt sich pittoresk im Fluss. Erbaut im 13. Jh., ist sie ein Meisterstück der mittelalterlichen Architektur. Höhepunkt der Besichtigung ist der über 100 m lange Wandteppich **INSIDER TIPP** *Tenture de l'Apocalypse*, der zu den ältesten der Welt zählt. *2, promenade du Bout-du-Monde | www.angers. monuments-nationaux.fr | tgl. Mai–Aug.*

Lebewesen aus allen Weltmeeren können Sie im Océanopolis in Brest betrachten

9.30–18.30, Sept.–April 10–17.30 Uhr | Eintritt 8 Euro

INSIDER TIPP ▸ GALERIE DAVID D'ANGERS

In der mit Stahl, Glas und Schiefer nutzbar gemachten Ruine der Abteikirche befinden sich 70 Gipsabdrucke, Marmor- und Bronzegüsse von Statuen, 44 Büsten und Hunderte von Porträtmedaillons aus der Werkstatt des Bildhauers (1788–1856), der historische Persönlichkeiten aus ganz Europa abbildete. *33 bis, rue Toussaint | Juni–Sept. tgl. 10–18.30, sonst Di–So 10–12 und 14–18 Uhr | Eintritt 4 Euro*

ESSEN & TRINKEN

BRASSERIE DU THÉÂTRE

Das riesige Lokal mit einer Sommerterrasse erfüllt alle Bedürfnisse vom Frühstück bis zum abendlichen Menü. *7, Place du Ralliement | Tel. 02 41 24 15 15 | www.brasserie-du-theatre.com | tgl. 9–1 Uhr | €€–€€€*

INSIDER TIPP ▸ LA GUINGUETTE CHEZ JOJO

Eine Guinguette ist ein volkstümliches Tanzlokal an einem Flussufer. Dieses typische Gartenrestaurant mit Akkordeonmusik im 18 km entfernten *St-Saturnin-sur-Loire* hat ein wunderbares Ambiente. *Chaloché | Tel. 02 41 54 64 04 | Mai, Juni, Sept. Wochenende, Juli/Aug. tgl. | €€*

ÜBERNACHTEN

INSIDER TIPP ▸ HÔTEL DU MAIL

Charmantes Hotel in einem alten Herrenhaus nicht weit vom Zentrum entfernt. *26 Zi. | 8, rue des Ursules | Tel. 02 41 25 05 25 | www.hotel-du-mail.com | €–€€*

ZIELE IN DER UMGEBUNG

SAUMUR (175 E5) (◔ H6)

Die idyllische Stadt (30 000 Ew.) am Unterlauf der Loire, rund 67 km östlich von Angers, war einst geistiges Zentrum der

Hugenotten und ist für seinen Schaumwein *Saumur Mousseux* bekannt. Hier residiert das französische Ausbildungszentrum *Cadre Noir* mit den besten Dressur-, Spring- und Geländereitern der *École Nationale d'Équitation* (Galas und Besichtigungen unter *www.cadrenoir.fr*). Das Schloss mit seiner Befestigungsanlage in Sternenform thront majestätisch über der Stadt. Pilzsammler sollten einen Blick in das *Musée du Champignon* werfen *(route de Gennes St. Hilaire St. Florenc 4 km nordwestlich von Saumur | Mitte Feb.–Mitte Nov. tgl. 10–19 Uhr | Eintritt 7,50 Euro).*

SERRANT (175 D5) (*[map] G6*)

Rund 20 km westlich von Angers liegt das Château de Serrant. Das Renaissance-Anwesen mit Wassergräben, Ehrenhof, Balustraden und Pavillons beeindruckt durch architektonische Harmonie und als bestmöbliertes französisches Schloss. *www.chateau-serrant.net | Juni–Mitte Sept. tgl. 9.15–17.15, sonst Mi–So 13.30–17.15, So auch 9.45–12 Uhr | Eintritt 9,50 Euro*

BREST

(174 A4) (*[map] D4*) **Die Reederei- und Universitätsstadt (150 000 Ew.) ist ein wichtiger Fährhafen.**

Stark zerstört im Zweiten Weltkrieg, wurde die Stadt sehr schnell wieder aufgebaut. Davon zeugt die geometrische Anordnung der Straßen. Brest ist ein idealer Ausgangspunkt für Ausflüge in die schöne Küstenregion.

SEHENSWERTES

OCÉANOPOLIS

Neben dem *Cours Dajot* mit dem [icon] Blick über die Reede ist das Meeresmuseum Océanopolis mit 10 000 Meerestieren aus tropischen, polaren und gemäßigten Gewässern sehenswert. *Port de Plaisance du Moulin Blanc | www.oceanopolis.com | April–Juni und Sept. tgl. 10–18, Juli/Aug. tgl. 9–19, Mitte–Ende März und Okt. Di–So 10–17 Uhr | Eintritt 16,50 Euro*

⭐ **Presqu'île de Crozon**
Die schönste Halbinsel des Finistère
→ S. 84

⭐ **Wandteppich von Bayeux**
Der älteste Comic der Welt ist ebenso amüsant wie eindrucksvoll gestaltet
→ S. 85

⭐ **Guérande**
Mittelalter pur und „weißes Gold" in Sumpflandschaft → S. 89

⭐ **Honfleur**
Die Stadt hat sich ihren normannischen Charme bis heute erhalten
→ S. 86

⭐ **Mont-Saint-Michel**
Der weltbekannte Klosterberg ist Mythos und Kult in einem und zieht entsprechend viele Besucher an
→ S. 87

⭐ **Nantes**
Die ehemalige Herzogsstadt hat viele schöne Ecken → S. 87

⭐ **Côte d'Émeraude**
Die Smaragdküste trägt ihren Namen zu Recht → S. 94

⭐ **Carnac**
Tausende Menhire sind Zeugen uralter Kulturen → S. 95

MARCO POLO HIGHLIGHTS

ESSEN & TRINKEN ÜBERNACHTEN

INSIDER TIPP HOSTELLERIE DE LA POINTE SAINT-MATHIEU

Ebenso modern wie geschmackvoll gestaltete Übernachtungsmöglichkeit am westlichsten Punkt Frankreichs mit Schwimmbad, 25 km von Brest entfernt. *25 Zi. | Tel. 02 98 89 00 19 | www. pointe-saint-mathieu.com | €€–€€€*

ZIELE IN DER UMGEBUNG

INSIDER TIPP POINTE DU RAZ ☼
(174 A4) *(⊞ D5)*

Das felsige Kap rund 100 km südlich von Brest vor der *Île de Sein* gehört zur Gemeinde Plogoff und ist mit 72 m eine der höchsten Klippen der bretonischen Küste. Da der Touristenansturm zu viele Naturschäden anrichtete, ist heute keine direkte Anfahrt mehr möglich. Ein Shuttle bringt Besucher vom Parkplatz zum Naturschauspiel mit tollem Panoramablick. *www.pointeduraz.com*

PRESQU'ÎLE DE CROZON ★ ☼
(174 A4) *(⊞ D5)*

Von Brest aus geht es einmal um die Küste herum, um auf die 160 km entfernte Halbinsel Crozon zu kommen. Sie gilt als die schönste der bretonischen Küstenvorsprünge, auch wegen ihrer Bergspitze von 70 m Höhe und ihres unvergleichlichen Panoramas vom schroffen Kap *Pointe de Penhir*. Von Felsformationen umrahmte Sandstrände laden zum Baden ein, die Heidefelder mit Ginster und Geißblatt zum Wandern entlang der Klippen. Die ganze Halbinsel von Crozon steht unter Naturschutz.

QUIMPER (174 B4) *(⊞ D5)*

Die hübsche Fachwerkstadt (64 000 Ew.) des Departements Finistère liegt 70 km südlich von Brest am Zusammenfluss von Frout, Steir und Odet und ist vor allem wegen ihrer langen Fayencetradition bekannt. Typische bretonische Keramiken erhalten Sie bei *A. Breton & Fils (16 bis, rue du Parc | www.bretagne-faience.com)*. Oder Sie suchen im Fabrikverkauf von *HB Henriot (Place Bérardier)* ein Schnäppchen. Führungen geleiten Sie in die *Ateliers der Faïencerie (rue Haute | www. hb-henriot.com | Mo–Fr 10.30, 14 und 16 Uhr | Eintritt 5 Euro)*. Gepflegt übernachten können Sie im Hotel *Gradlon (30, rue de Brest | www.hotel-gradlon.com | €€–€€€)*, bretonisch essen im *Le Cosy* hinter der Kathedrale *(2, rue du Sallé | Tel. 02 98 95 23 65 | tgl. außer So in der Hochsaison | €€)*.

LOW BUDGET

CAEN

(175 D-E3) *(⊞ G4)* **Am schönsten ist die Fahrt zur größten Stadt (115 000 Ew.) der Basse-Normandie im Frühling, wenn Hunderttausende von Apfelbäumen blühen.**

Die Universitätsstadt Caen ist jung: 60 Prozent der Bürger sind unter 40 Jahre alt. William the Conqueror ließ im 11. Jh. die Abteikirche St-Étienne im roma-

nischen Stil bauen (im 13. Jh. in früh-
gotischer Architektur vollendet). Auch
die Klosteranlage *Abbaye-aux-Hommes*
lohnt die Besichtigung *(www.caen.fr).*
Von Caen aus ist es nicht weit zur *Côte
Fleurie* und zur *Côte de Nacre*. An diesen
Stränden landeten am D-Day, dem 6.
Juni 1944, die alliierten Truppen. An die

schen normannischen Stadt etwa 30 km
nordwestlich von Caen (15 000 Ew.) mit
ihren kleinen, gepflasterten Gässchen
rund um die Kathedrale Notre-Dame lebendig. Der wichtigste Kunstschatz des
Orts ist der 1000 Jahre alte ★ *Wandteppich von Bayeux*, auf dem auf 70 m Länge
die Geschichte von Wilhelm dem Erobe-

Der Wandteppich von Bayeux erzählt die Geschichte von Wilhelm dem Eroberer

vielen Toten der kriegsentscheidenden
Offensive erinnert in Caen das eindrucksvolle Friedensmuseum *Mémorial (Espla-
nade Eisenhower | www.memorial-caen.fr |
tgl. 9–19 Uhr | Eintritt ab 18,50 Euro).*
Eine erschwingliche Unterkunft mit kom-
fortablen Zimmern bietet das ruhige
INSIDER TIPP *Hôtel des Quatrans (47 Zi. |
17, rue Gémare | Tel. 02 31 86 25 57 | www.
hotel-des-quatrans.com | €–€€).*

rer und seinem Feldzug gegen England
im Jahr 1066 erzählt wird. Der gestickte
Teppich, genannt auch *Tapis de la Reine
Mathilde*, zeigt 58 detailreiche Szenen,
die im Audioguide auf amüsante Weise erläutert werden *(Centre Guillaume
le Conquérant | rue de Nesmond | www.
tapisserie-bayeux.fr | tgl. Mitte März–Mit-
te Nov. 9–18.30, Mai–Aug. bis 19, Mitte
Nov.–Mitte März 9.30–12.30 und 14–18
Uhr | Eintritt 7,80 Euro).*

ZIELE IN DER UMGEBUNG

BAYEUX (175 D3) (*m G3*)

Altes Schulwissen aus Geschichts- und
Englischstunden wird in der sympathi-

Nett und zentral speisen können Sie im
bodenständigen *L'Assiette Normande* bei
der Kathedrale, das gern von Einheimischen besucht wird *(3, rue des Chanoi-
nes | So/Mo geschl. | €–€€).*

Cabourg: Zu einem mondänen Seebad gehört natürlich ein gepflegter Strand

CABOURG (175 E3) (*H3*)

Das 33 km nordöstlich von Caen gelegene, noch heute mondäne Seebad an der *Côte Fleurie* (3000 Ew.) ist quasi der Hausstrand der Bürger von Caen. Hier schrieb Marcel Proust in den Sommermonaten an seinem literarischen Lebenswerk. Er logierte immer im *Grand Hôtel (70 Zi. | Les Jardins du Casino | Tel. 02 31 91 01 79 | www.mercure.com | €€€)* direkt am Meer.

COTENTIN

(174–175 C–D 2–3) (*F–G3*)
Der markante Zacken der Halbinsel Cotentin ragt mit 300 km Küstenstrecke weit in den Ärmelkanal. Entsprechend wechselhaft gestaltet sich das Wetter. Sie sollten sich einen Tag Zeit nehmen für eine Fahrt durch den sumpfigen *Parc Naturel Régional des Marais du Cotentin et du Bessin,* ein Naturspektakel mit über 4000 km Wanderwegen *(www.parc-cotentin-bessin.fr).*

DEAUVILLE (175 E3) (*H3*)

Dieser Badeort (4500 Ew.) ist reiner Luxus. Deauville mag für manche ein bisschen zu mondän sein mit seinen Polo- und Golfturnieren, Pferderennen, den Galaabenden im Kasino, den Dior- und Chanel-Shops. Doch auf den ☀ *Planches*, der unvergleichlich schönen Strandpromenade, rückt das alles in die Ferne. Hier zählt nur noch der Blick auf den Traumstrand und das Meer. Wer sich eine Nacht in dem Luxusort gönnen will, kommt im *Hôtel Le Chantilly (15 Zi. | 120, avenue de la République | Tel. 02 31 88 79 75 | €€)* relativ günstig unter.

HONFLEUR ★ (175 E2–3) (*H3*)

Die kleine Stadt (8000 Ew.) an der Meeresmündung besticht durch ihre reizenden Gässchen, hübsche Bürgerhäuser und Fachwerkbauten. In der Heimat des Frühimpressionisten Eugène Boudin kreierten im 19. Jh. die Maler des Lichts Monet, Courbet, Sisley und Cézanne eine neue Stilrichtung *(Musée Eugène Boudin | Place Eric Satie | www.musees-honfleur.fr | Mitte März–Sept. Mi–Mo 10–12 und 14–18, sonst 14.30–17.30 Uhr).* Samstagmorgens ist lebendiges Treiben am Blumenmarkt an der *Place Arthur-*

Boudin. Das *Vieux Bassin*, ein Minihafen, der auf Anordnung Colberts angelegt wurde, wird am *Quai St-Etiènne* von Villen gesäumt. Sie sollten unbedingt die schiffsförmige Seefahrerholzkirche *Sainte-Cathérine* (15. Jh.) betreten, die Atmosphäre ist ergreifend. Liebevoll eingerichtete Zimmer finden Sie im *Hôtel du Dauphin (34 Zi. | 10, Place Pierre-Berthelot | Tel. 02 31 89 15 53 | www.hoteldudauphin.com | €€–€€€)*. Mitten zwischen den Honfleurais essen Sie frischen Fisch und Meeresfrüchte, aber auch ländliche Produkte im *Entre Terre et Mer,* dem ein **INSIDER TIPP** kleines Hotel mit 14 freundlichen Zimmern angeschlossen ist *(12–14, Place Hamelin | Tel. 02 31 89 70 60 | www.entreterreetmer-honfleur.com | kein Ruhetag | €€–€€€)*.

MONT-SAINT-MICHEL

(175 D4) *(Ⅲ F4)* ★ **Der Klosterfelsen auf der Granitinsel mitten im Watten-**

meer am südlichen Ende der Normandie fasziniert seine Besucher seit Jahrhunderten.

Die Schönheit der Architektur und der Natur sowie die geheimnisvollen Gründungsgeschichten rund um das Erscheinen des Erzengels Michael machen Dorf und Kloster Mont-Saint-Michel (50 Ew.) zu einer Kultstätte, mit 3 Mio. Touristen jährlich ist es die meistbesuchte Sehenswürdigkeit Frankreichs außerhalb von Paris. Kommen Sie in der Hauptsaison frühmorgens vor dem größten Ansturm. Rund 100 km Küste umgeben die Bucht. Den **INSIDER TIPP** schönsten Blick auf den Klosterberg, in dem heute wieder Mönche wohnen und der abendlich mit Lichtern in Szene gesetzt wird, haben Sie von 🌿 Granville aus. Die Wurzeln des Klosters gehen auf das Jahr 966 zurück, die Gässchen bzw. die *Grande Rue*, die zur Abbaye hinaufführt, stammen jedoch aus dem 15./16. Jh. und sind gesäumt von Andenkenläden und Restaurants. Das Kloster selbst besteht aus einem Garten, der Kirche, einem Kreuzgang, einem Refektorium und den Gästesälen. *La Merveille* nennt man den gotischen Gebäudeteil an der Nordseite, der den Charakter einer Festung hat. *www.mont-saint-michel.monuments-nationaux.fr | tgl. Mai–Aug. 9–19, sonst 9.30–18 Uhr | Eintritt 9 Euro*

NANTES

(175 D5) *(Ⅲ F6)* ★ **Nantes (290 000 Ew.) war schon immer die Metropole des französischen Westens, einst als Hauptstadt der Herzöge der Bretagne, heute als Kapitale der Region Pays de la Loire.**

In Nantes fließen die Flüsse Sèvre, Erdre und Loire zusammen und münden in den 55 km entfernten Atlantik. Nantes ist ein modernes Wirtschaftszentrum am Schnittpunkt von Poitou, Vendée und Bretagne und dank des Hafens eine blühende Handelsstadt bereits seit dem Mittelalter. Mit dem Anschluss an das TGV-Netz wurde außerdem ein Teil der Verwaltung von Paris ins nunmehr nur noch zwei Stunden entfernte Nantes verlagert.

SEHENSWERTES

ALTSTADT

Die wichtigsten Gebäude von *Vieux Nantes* befinden sich am Nordufer der Loire. Die ehemalige Insel *Île Feydeau* in einem Seitenarm des Flusses fiel erst um 1930 der Stadt zu, nachdem man die Flussarme trockengelegt hatte. Die Handelshäuser mit ihren schön geformten Balkonen aus dem 18. Jh. lohnen einen Rundgang ebenso wie die mehrgeschossige und mit Skulpturen und Lampen geschmückte Einkaufsgalerie *Passage Pommeraye*. Sie führt auf die *Place Graslin*, wo sich das große Theater und die *Brasserie La Cigale* mit ihrem schönen Mosaikinterieur befinden. Die spätgotische Kathedrale Saint-Pierre liegt am östlichen Altstadtrand.

CHÂTEAU DES DUCS DE BRETAGNE

Das elegante, 1466 aus Tuffstein errichtete Schloss bietet einen schönen Kontrast zur massiven Festungsmauer. 1532 kam die Bretagne unter französische Herrschaft, das Schloss wurde bald als Kaserne genutzt und beherbergt seit 1915 ein Museum zur Regionalgeschichte *(Juli/Aug. tgl. 9.30–19, sonst Di–So 10–18 Uhr | Eintritt 22 Euro)*. Der Festungswall ist länger geöffnet und im Sommer Treffpunkt zu Konzerten und Openairkino. *www.chateau-nantes.fr | Eintritt frei für die Außenanlagen*

ESSEN & TRINKEN

CRÊPERIE HEB-KEN

Das sympathische Restaurant mit Fotos aus der Region an den Wänden bietet Qualität-Crêpes zu vernünftigen Preisen. Unbedingt die dunklen bretonischen **INSIDER TIPP** Crêpes aus Buchweizenmehl probieren! *5, rue du Guérande | Tel. 02 40 48 79 03 | So geschl. | €*

LE PALUDIER

Hier gibt es gute Fischgerichte in nettem Rahmen; zum Dessert sollten Sie das Nougateis auf Ingwer und Erdbeeren probieren. *2, rue Santeuil | Tel. 02 40 69 44 06 | Mo mittags und So geschl. | €–€€*

AM ABEND

Nantes ist dank seiner Universität eine junge Stadt mit viel Nightlife. Eine gute Adresse ist *Le Marlowe (1, Place Saint Vincent | Tel. 02 40 48 47 65 | So geschl.)*, ein Tanzclub im Stil der amerikanischen 1950er-Jahre.

ÜBERNACHTEN

INSIDER TIPP HÔTEL LA PÉROUSE

Kontrast zur Altstadt gefällig? Dieses ultramoderne und durchdesignte Hotel mit seinen stylischen Zimmern und den rechteckigen Fenstern, die aus der Außenwelt ein dekoratives Element machen, ist erstaunlich. *46 Zi. | 3, allée Duquesne (cours des 50 otages) | Tel. 02 40 89 75 00 | www.hotel-laperouse.fr | €€€*

AUSKUNFT

OFFICE DE TOURISME

2, Place St-Pierre | Tel.(*) 08 92 46 40 44 | www.nantes-tourisme.com

LA BAULE (174 C5) (*ⅢⅡ F6*)

Schönster Strand Europas nennt sich
frech La Baule (16 000 Ew.) im Süden
der Bretagne, 60 km westlich von Nantes. Und ein bisschen stimmt das auch,
denn der perfekt gebogene, 9 km lange
Sandstrand, gesäumt von Hotels und

*(20, avenue Jean Sohier | route du Golfe |
www.laroseraie.com).*

CLISSON (174 D6) (*ⅢⅡ G6*)

36 km südöstlich von Nantes atmet das
geruhsame Burgstädtchen (6000 Ew.)
mit Parks und Gärten italienisches Ambiente. Ein Ort zum Energietanken. Dazu
trägt auch die *Villa Saint-Antoine* in der

Nantes by Night: lebendiges Nachtleben in einer jungen Stadt

Ferienanlagen, vermittelt ein Gefühl
von Freiheit und Lebenslust – außerhalb der Hochsaison Juli und August.
Der mondänste Badeort der nördlichen
Atlantikküste profitiert ganzjährig vom
warmen Mikroklima. Das Sport- und
Vergnügungsangebot mit Wassersport,
Tennisanlagen, Kasino, Hippodrom und
Golfplatz macht die Stadt zu einer echten
Urlaubsdestination. Der luxuriöse, pinien-
umgebene *Village Camping La Roseraie*
(260 Stellplätze, beheizter Innenpool, Läden und Service) vermietet auch Hütten

gleichnamigen Straße bei *(43 Zi. | Nr.
8 | Tel. 02 40 85 46 46 | www.hotel-villa-
saint-antoine.com | €€–€€€).*

GUÉRANDE ★ (174 C5) (*ⅢⅡ F6*)

Die gut erhaltene mittelalterliche
Stadt auf der gleichnamigen Halbinsel
(16 000 Ew.) ist umgeben von ausgedehnten Salinen. 1 Mio. Touristen besuchen jedes Jahr den südbretonischen
Ort 80 km westlich von Nantes, wo
mit traditionellen Methoden, die sich
seit dem 9. Jh. nur wenig verändert

haben, Salz gewonnen wird. Die Salzbauern ernten das „weiße Gold" in den Monaten von Juni bis September. Am ergiebigsten ist das graue *Gros Sel,* das vom Grund des Salinengartens geholt wird. Das edle `INSIDER TIPP` *Fleur de Sel,* Kristalle, die von der Oberfläche abgeschöpft werden, wird als Spezialität vermarktet. Führungen organisiert das Informationsbüro *Terre de Sel (www. terredesel.com).*

POITIERS

(175 E6) (∅ H7) **Die Universitätsstadt (89 000 Ew.) liegt auf einem Felsplateau.** Das Zentrum der Region Poitou-Charentes lohnt den Aufenthalt wegen der seltenen Häufung romanischer Kirchen, allen voran *Notre-Dame-la-Grande* mit einer Fassade aus Flachreliefs, die Kathedrale *Saint-Pierre* und vor allem die *Baptistère*

Vor Ort gekauft schmeckt es am besten: Fleur de Sel in Guérande

Hinter Guérande erstreckt sich einer der ältesten Nationalparks Frankreichs, der *Parc de Brière (www.parc-naturelbriere.fr).* Wenn Sie 13 km weiter an die Westspitze der Halbinsel fahren, entdecken Sie in *Piriac-sur-Mer* einen beschaulichen Fischerort. Im *Logis Hôtel de la Poste (12 Zi. | 26, rue de la Plage | Tel. 02 40 23 50 90 | www.piriac-hotel delaposte.com | €)* werden Sie herzlich aufgenommen; Sie sollten allerdings frühzeitig reservieren!

Saint-Jean (5. Jh.), eines der frühesten Architekturzeugnisse des Christentums in Frankreich. Nicht minder interessant ist auch die Kirche *Saint-Hilaire-le-Grand* in der gleichnamigen Straße. Die Pilgerstätte auf dem Jakobsweg enthält zahlreiche Säulen und Mosaikarbeiten im Chor. Kreative französische Küche bekommen Sie wenige Hundert Meter von der Kirche Notre-Dame entfernt im *La Table du Jardin (42, avenue du Moulin à Vents | Tel. 05 49 41 68 46 | So/Mo geschl. | €€).*

ZIEL IN DER UMGEBUNG

INSIDER TIPP SAINT-SAVIN

(175 F6) (🛣 H7)

Die Abtei 46 km östlich von Poitiers versteckt hinter ihren Türen außergewöhnliche Fresken, die biblische Szenen zeigen. Die Malereien stammen aus der Zeit zwischen 1080 und 1110 und beeindrucken durch ihren Detailreichtum. *www.abbaye-saint-savin.fr | tgl. Juli/Aug. 10–19, sonst Mo–Sa 10–12 und 14–18, So 14–18, Winter bis 17 Uhr | Eintritt 6 Euro*

RENNES

(174 C4) (🛣 F5) **Die Hauptstadt der Bretagne (210 000 Ew.) hat es geschafft, ihr kulturelles Erbe zu bewahren, ohne dabei in der Vergangenheit zu verharren.**

Mittelalterliche Sträßchen und klassische Fassaden, königliche Plätze, die in ihrer Eleganz das 18. Jh. lebendig werden lassen, formen das Herz der Stadt. Eine bedeutende Universität und erste Ansiedelungen von Hightech- und Biochemie-Industrie sichern die Zukunft.

SEHENSWERTES

ALTSTADT

In der Altstadt von Rennes reihen sich Fachwerkhäuser aus dem 15./16. Jh. aneinander, vor allem entlang der Straßen *Rue Saint-Sauveur, Rue de la Psalette, Rue Saint-Yves* und *Rue des Dames.* Besonders schöne Exemplare dieser Architektur finden Sie auch an der *Place du Champ Jacquet*, wo das bretonische Parlament seinen Sitz hat. Gotische und Renaissancehäuser begrenzen die *Place Saint-Anne* und die sehr lebendige *Rue Saint-Georges*, in der sich Cafés und Restaurants drängeln.

ESSEN & TRINKEN

L'APPART DE LOÏC

Das modern eingerichtete, schicke Bistrorestaurant von Loic Pasco serviert Frisches vom Markt. *67, boulevard de La Tour-d'Auvergne | Tel. 02 99 67 03 04 | Sa/So/Mo mittags geschl. | www.lappartdeloic.fr | €€*

ÜBERNACHTEN

INSIDER TIPP HÔTEL DE NEMOURS

Große Zimmer in einem hübschen Stadthaus. *29 Zi. | 5, rue de Nemours | Tel. 02 99 78 26 26 | www.hotelnemours.com | €€*

LA ROCHELLE

(178 B1) (🛣 G7) **Die Hafenstadt (80 000 Ew.) mit ihren schönen Arkaden, Museen, Parks und Stränden tut alles, um den Anschluss an die Moderne nicht zu verpassen.**

Die Universitätsstadt hat sich früh darum bemüht, ein Wissenschaftszentrum zu kreieren und Hightechfirmen anzusiedeln. Das einstige Hugenottenzentrum La Rochelle, bedeutender Fischereihafen, verfügt über eine große Marina, die derzeit ausgebaut wird.

SEHENSWERTES

MUSÉE DU NOUVEAU MONDE

Das Museum nimmt die Besucher mit auf eine historische Reise in die ehemaligen Kolonialgebiete. Es informiert anschaulich über das Leben auf den Zuckerinseln, die Sklaverei, die einstige „Perle der Antillen", Haiti, und den Handel zwischen alter und neuer Welt. *10, rue Fleuriau | Mo und Mi–Sa 10.30–12.30 und 13.30–18, So 13.30–18 Uhr | Eintritt 8 Euro*

Lokale reihen sich dicht an dicht in der Altstadt von La Rochelle

LE QUARTIER ANCIEN

Wichtigstes Gebäude der Altstadt ist der Renaissancepalast des *Hôtel de Ville.* Fünf Stadttore und der Uhrturm *La Grosse Horloge* markieren die Grenzpunkte des alten Stadtkerns. Die *Grande-Rue des Mercièrs* ist eine von Arkaden gesäumte Einkaufsstraße. In der *Rue du Palais* befinden sich Boutiquen und vor allem öffentliche Gebäude.

VIEUX PORT

Drei Türme begrenzen den alten Hafen: Die *Tour de la Chaine* verdankt ihren Namen einer Eisenkette, die bis zur *Tour Saint-Nicolas* gespannt wurde, um abends den Hafen zu schließen. Saint-Nicolas diente lange als Gefängnis und beherbergt heute ein kleines Museum über den Hafen. Vom dritten Turm, der ❉ *Tour de la Lanterne*, hat man einen schönen Panoramablick.

ESSEN & TRINKEN

L'ENTRACTE

Zeitgenössisches Ambiente trifft auf traditionelle Küche, bei der die Kochfamilie Coutanceau den Löffel schwingt. *35, rue St-Jean du Pérot | Tel. 05 46 52 26 69 | www.lentracte.net | kein Ruhetag | €€–€€€*

EINKAUFEN

FAIENCERIE JEAN ALEXIU

Diese Töpferei ist seit dem 13. Jh. berühmt. *4, rue Chaudrier | www.faienceriejeanalexiu.fr*

ÜBERNACHTEN

HÔTEL DE LA TOUR DE NESLE ❉

Ein einfaches Hotel mit schönem Blick über den Hafen und die drei Türme. *28 Zi. | 2, quai Louis Du-*

rand | Tel. 05 46 41 05 86 | www.
hotel-la-tour-de-nesle.com | €€

OFFICE DE TOURISME
*2, quai Georges Simenon | Le Ga-
but | Tel. 05 46 41 14 68 | www.
larochelle-tourisme.com*

ZIELE IN DER UMGEBUNG

ÎLE D'OLÉRON (178 B1–2) (*m F8*)
Mit über 30 km Länge ist die Atlantikin-
sel nach Korsika Frankreichs zweitgrößte
Insel (16 000 Ew.). Dank einer Brücke
nach Marennes (57 km südlich von La
Rochelle) ist sie heute mit dem Festland
verbunden und einfach zu erreichen. Die
Ferieninsel mit ihren langen weißen
Sandstränden und weißen Sommer-
häuschen ist auch für ihren Wald, ihre
Mimosen und Austern bekannt. Die
beliebten Austernbänke finden Sie auf
der Westseite der Insel. Übernachten
können Sie im Badeort *Saint-Trójan-les-
Bains* mit Blick aufs Meer im *Le Homard
Bleu (20 Zi. | 10, boulevard Félix Faure |
Tel. 05 46 76 00 22 | www.lehomardbleu.
com | €€).*

ÎLE DE RÉ (178 A–B1) (*m F7*)
Die mondäne Insel (11 000 Ew.), die
10 km westlich von La Rochelle liegt, ist
über einen Viadukt zu erreichen (Maut
für PKW, ● kostenlos für Fußgänger
und Radfahrer). Wie ihre große Schwes-
ter Oléron ist das Naturschutzgebiet
ein Ferienparadies mit langen Stränden, Dünen und kleinen Dörfern. Die
Hauptstadt der Insel ist *St-Martin-de-Ré*.
Genau dort liegt auch das traumhafte,
ganz in Weiß gestrichene Gästehaus
INSIDER TIPP *La Maison Douce (11 Zi. | 25,
rue Mérindot | Tel. 05 46 09 20 20 | www.
lamaisondouce.com | €€€).*

INSIDER TIPP MUSÉE DES ARTS
DU COGNAC
Das Museum in der Stadt Cognac
(103 km) informiert über önologische
Handwerkstechniken, Destillationsver-
fahren, Lagerung, Glasindustrie rund
um den „Likör der Götter". *Les Remparts,
Place de la Salle Verte | www.musees.co
gnac.fr | Okt.–April Di–So 14–17.30, Juli/
Aug. 10–18.30, Mai, Juni und Sept. Di–Fr
11–18, Sa/So 13–18 Uhr | Eintritt 4,80 Euro*

SAINT-MALO

(174 C4) (*m F4*) **Die Stadt (51 000 Ew.)
wurde nach den Kriegszerstörungen im
August 1944 nahezu komplett wieder
aufgebaut.**
Einen Überblick über die Hafen- und
Festungsstadt bekommen Sie beim
Spaziergang auf den gut erhaltenen
☆ Wallanlagen. Diese *remparts* wurden
im 12. Jh. begonnen und bis ins 18. Jh.
hinein ausgebaut. Über die Geschichte
der Stadt und ihre Piratenvergangenheit
informiert das *Musée d'Histoire de la Ville
et l'Ethnographie du pays Malouin*, das
im Kastell untergebracht ist *(Esplanade
Félicité Lamennais, Grand Donjon | Ap-
ril–Sept. tgl. 10–12 und 14–18, Okt.–Dez.
Di–So 10–12 und 14–18 Uhr | Eintritt 5,80
Euro)*. Wunderschöne Zimmer in einer
herrschaftlichen Villa finden Sie im *La
Valmarin (12 Zi. | 7, rue Jean-XXIII | Tel.
02 99 81 94 76 | www.levalmarin.com |
€€€)*. Von Saint-Malo fahren Fähren auf
die Kanalinseln Jersey und Guernsey.

ZIELE IN DER UMGEBUNG

INSIDER TIPP ÎLE DE BRÉHAT
(174 B3) (*m E4*)
Dieses kleine Paradies (500 Ew.) liegt
vor der *Côte d'Armor*. Fähren auf die Insel starten in *Poubazlanec*, etwa 140 km

von Saint-Malo entfernt. Wegen ihrer geringen Größe von nur 3,5 km Länge und 1,5 km Breite ist die einstige Pirateninsel für den Autoverkehr gesperrt. Sie profitiert vom milden Golfstromklima und ist besonders schön im Frühling, wenn alles blüht. Zimmer mit Aussicht gibt es im *Hôtel Restaurant Bellevue (17 Zi. | Tel. 02 96 20 00 05 | www. hotel-bellevue-brehat.fr | €€€)*.

CÔTE D'ÉMERAUDE ⭐
(174 C3–4) (ᗰ E–F4)

Die Smaragdküste *(www.cote-emeraude. com)* ist Teil der *Côte d'Armor* und bekannt für ihre Austern, historische Städte, schöne Strände und ruhige Badeorte. **INSIDER TIPP** *Dinard*, rund 11 km von Saint-Malo entfernt, ist der Star unter ihnen. Das einstige Fischerdörfchen entwickelte sich dank eines in die Küste verliebten Amerikaners zum Luxusort (10 000 Ew.) mit prächtigen Villen und Parkanlagen. Ein weiterer Sightseeing-Spot ist *Cap Fréhel*, 22 km westlich von Saint-Malo: Auf der Halbinsel steht ein weißer Leuchtturm auf rötlich scheinendem Schieferfelsen über blau-grünem Meer, umschwirrt von seltenen Vögeln. Der Zugang ist nur von Juni bis September möglich.

DINAN (174 C4) (ᗰ F4)

Etwa 30 km südlich von Saint-Malo liegt dieses mittelalterliche Städtchen (14 000 Ew.), das mit einem Architekturensemble aus dem 15. bis 17. Jh. aufwarten kann, am Flussbogen der Rance. Vor allem rund um die *Place des Merciers* und die *Rue de Jerzual* finden sich schöne Häuser. Unbedingt probieren sollten Sie die regionale Spezialität *Gavotte*: knusprige Biskuits, ummantelt von Schokolade. Die bekommen Sie zum Beispiel bei *Loc Maria (9, rue de Château | www. locmaria.fr)*.

VANNES

(174 C5) (ᗰ E5) **Die Stadt (52 000 Ew.) am Golf von Morbihan hat ein reiches Erbe an Bauten aus dem Mittelalter und der Renaissance.**

Den schönsten Blick auf die Stadt haben Sie von der 🌿 *Promenade de la Garenne* aus. Vannes eignet sich ideal als Ausgangspunkt für Touren in die Umgebung. Zentrale Lage und renovierte Zimmer zu bieten hat das *Hôtel La Marébaudière (41 Zi. | 4, rue Aristide-Briand | Tel. 02 97 47 34 29 | www.marebaudiere.com | €€)*.

ZIELE IN DER UMGEBUNG

INSIDER TIPP **BELLE-ÎLE-EN-MER**
(174 B5) (ᗰ E6)

Die schöne Insel trägt ihren Namen zu Recht. Die größte der bretonischen Atlan-

tikinseln (5000 Ew.) ist über Fähren von der Halbinsel Quiberon, 47 km südwestlich von Vannes, zu erreichen. Sie ist geprägt von schroffen Felsen, blauem Meer, schönen Stränden wie *Les Grands Sables* und einer Zitadelle. Um sich gegen Angriffe der Engländer und Holländer zu wehren, rüstete sich die Insel einst mit einer Festung. Heute ist dort ein historisches Museum untergebracht *(Im Ort Le Palais | www.citadellevauban.com | tgl. Juli/Aug. 9–19, Sept./Okt. und April bis Juni 9.30–18, im Winter bis 17 Uhr | Eintritt 6,50 Euro).*

Nicht weit entfernt von der einstigen Wehranlage befindet sich das reizende *Hôtel Le Clos Fleuri (20 Zi. | route de Sauzon | Tel. 02 97 31 45 45 | www. hotel-leclosfleuri.com | €€).*

CARNAC ⭐ (174 B5) (*E5*)

Diesen Ort 32 km westlich von Vannes (4500 Ew.) kann man als das bretonische Pendant zu Stonehenge in England sehen. Seine Menhire, rund 3000 an der Zahl, werden auf die Zeit zwischen 4500 und 2500 v. Chr. datiert und verteilen sich auf drei große Felder: Die Steinreihen von *Menec*, von *Kermario* und *Kerlescan* sind die größten der Welt. Die mächtigsten Menhire ragen bis zu 4 m in die Höhe. Ein Grabhügel, der *Tumulus Saint-Michel*, ergänzt die perfekt durchorganisierte Anlage. *La Maison des Mégalithes* bietet Führungen an *(www.carnac.monuments-nationaux.fr | tgl. 10–17, Mai/Juni 9–19, Juli/Aug. 9–20 Uhr | Eintritt 6 Euro).*

Durch 450 000 Jahre Menschheitsgeschichte leitet eine der wertvollsten europäischen Sammlungen im *Musée de Préhistoire (10, Place de la Chapelle | www.museedecarnac.com | Juli/Aug. tgl. 10–18, April bis Juni und Sept. Mi–Mo 10–12.30 und 14–18, sonst bis 17 Uhr | Eintritt 5 Euro).*

Zeugen einer alten Kultur – die Menhire von Carnac geben immer noch Rätsel auf

DER SÜDWESTEN

Der Südwesten des Landes mit seinen großen Regionen Aquitaine und Midi-Pyrénées steht im Schatten seines Mittelmeernachbarn.

Manchmal zu Unrecht: Der Südwesten ist ein buntes Allerlei an Mentalitäten, Spezialitäten und Lebensweisen. An der äußersten Spitze liegt das Baskenland, das durch die Grenze nach Spanien zwar politisch geteilt sein mag, aber in den Köpfen seiner Bewohner als Einheit weiterlebt. Die angrenzende Bergkette der Pyrenäen mit ihren schroffen Landschaften ist beliebt bei Wanderern, Natursuchenden – und bei Gläubigen, die in Scharen nach Lourdes pilgern auf der Suche nach Heilung. Die atlantische Côte d'Argent nördlich von Bayonne bis zur Girondemündung ist ein Ferienparadies für Familien und Wassersportler: Sandstrände auf 230 km, Riesenauswahl an Campingplätzen, auch für FKK-Freunde. Die Silberküste trägt den Beinamen „französisches Kalifornien", nicht zuletzt wegen des Erholungswertes von Sonne, Wind, jod- und salzhaltiger Seeluft. Und das ländliche, an Kulturschätzen reiche Hinterland erst! Die waldreiche Gascogne; das bevölkerungsarme, jedoch seit mehr als 30 000 Jahren besiedelte Périgord, das ganz Gourmet-Frankreich mit Erdbeeren, Trüffeln, Kastanien, Entenleberpastete beliefert; der hügelige und immergrüne Gers, Wiege des Armagnac – Sie sind inmitten der douce France mit herzhaften Speisen, herrlichen Landschaften und herzlichen Menschen. Cityleben südlicher Prägung finden Sie

Inniger Glaube, herzhaftes Essen, starke Charaktere und windige Küsten – Frankreichs Kulturmix kurz vor Spanien

an den beiden konkurrierenden Polen des Südwestens, die ihre wirtschaftlich-wissenschaftlichen Energien klugerweise im Aerospace Valley mit Weltniveau bündelten: im kontinental-heißen, backsteinroten Toulouse und im kulturstolzen, feucht-atlantischen Bordeaux.

ARCACHON

(178 B3) *(ঔ F9)* **Hier riecht es nach Sommer und Badefreuden.**

Arcachon (12 000 Ew.) ist ein beliebtes Wochenendziel der Bordelaiser mit einem Mix aus altem Schick und Moderne. Vom Arcachon-Becken aus erstreckt sich der *Parc Naturel Régional des Landes de Gascogne* auf 290 000 km² ins südöstliche Landesinnere. 60 000 Menschen leben in diesem Waldgebiet, das im 19. Jh. zur Befestigung des sandigen und sumpfigen Bodens geschaffen wurde und vielen vom Aussterben bedrohten Arten einen geschützten Lebensraum bietet *(www.parc-landes-de-gascogne.fr)*.

Die größte Wanderdüne Europas: Dune du Pilat bei Arcachon

SEHENSWERTES

BASSIN D'ARCACHON

Bei Flut bedeckt das Wasser, das von sanften Sanddünen und sehr viel Pinienwald umgeben ist, eine Fläche von über 150 km^2. Die Meereinbuchtung enthält Brackwasser, denn der Fluss Eyre speist das Bassin mit Süßwasser. Diese Mischung eignet sich ideal für die Austernzucht, die hier mit 18 000 t pro Jahr zu den größten in ganz Europa gehört.

DUNE DU PILAT (PYLA) ★

Die 11 km südlich von Arcachon zwischen Pinienwald und Ozean gelegene Düne ist etwa 2,7 km lang, 500 m breit und 107 m hoch. Die höchste Düne Europas verändert je nach Wind und Wellen ihre Form und wandert jährlich rund 4 m. Ihr Alter schätzt man auf 8000 Jahre. Erleben Sie von hier aus den Sonnenuntergang! Zugang kostenlos, Parken gebührenpflichtig. Aufstieg auf der Seeseite flach steigend, auf der Landseite steil, April–Nov. mit Treppe.

VILLE D'ÉTÉ UND VILLE D'HIVER

In der Sommerstadt am Meer gibt man sich mondän mit einem Kasino, einigen Fischrestaurants und großen Terrassen. Von der *Jetée de Thiers* haben Sie einen schönen Blick auf das Bassin und die Strandpromenade von Arcachon. In der Winterstadt von Arcachon reihen sich – geschützt vor dem kalten Winterwind – verschnörkelte Belle-Époque-Villen aneinander.

VOGELSCHUTZPARK LE TEICH

280 Wildvogelarten nisten oder rasten im **INSIDER TIPP** *Parc Ornithologique du Teich* 14 km östlich von Arcachon im Feuchtgebiet des Mündungsdeltas des Flusses Lère. *Maison de la Nature du Bassin d'Arcachon, Le Teich | www.parc-ornitholigique-du-teich.com | tgl. 10–18,19 oder 20 Uhr saisonabhängig | Eintritt 7,40 Euro, Fernglasverleih 4,20 Euro*

ESSEN & TRINKEN

LE PAVILLON D'ARGUIN

Hafenatmosphäre, freundlicher Service und viel Fisch. *63, boulevard du Général-Leclerc | Tel. 05 56 83 46 96 | Nebensaison Mo geschl. | €€*

ÜBERNACHTEN

CAMPING CLUB ARCACHON

1 km von Strand und Zentrum entfernt, lädt dieser ruhige, schattige Platz mit Pool, Volleyball- und Bouleplätzen nicht nur Zelturlauber ein, sondern vermietet auch Chalets und Mobil-Homes. *5, allée de la Galaxie | Tel. 05 56 83 24 15 | www.camping-arcachon.com | €*

BAYONNE

(178 A5) (*F11*) **Feinschmecker schätzen den Schinken** *(jambon)* **der baskischen Stadt Bayonne (45 000 Ew.), den** *chocolat noir* **und das reine Salz aus den Salines de Bayonne.**

SEHENSWERTES

ALTSTADT

Im Herzen der Altstadt fließen die Flüsse Nive und Adour zusammen. Innerhalb der dicken Festungsmauern, erbaut unter Ludwig XIV. als Schutz gegen die Spanier, reihen sich die Sehenswürdigkeiten der Stadt: die *Cathédrale Sainte-Marie* mit gotischem Kreuzgang, das Schloss aus dem 11. Jh. und die *Rue du Port-Neuf*, in der die Chocolatiers und Konditoren residieren.

MARCO POLO HIGHLIGHTS

⭐ **Dune du Pilat (Pyla)**
Hier liegt die Sahara direkt am Meer → S. 98

⭐ **Grande Plage**
Nirgendwo im Südwesten Frankreichs ist Baden mondäner als in Biarritz → S. 104

⭐ **Bordeaux**
Eine der majestätischsten Städte Frankreichs putzt sich heraus → S. 106

⭐ **Dordognetal**
Stadt, Land, Fluss in perfekter Harmonie → S. 109

⭐ **Rocamadour**
Ein Ort wie eine Filmkulisse → S. 110

⭐ **Lourdes**
Selbst Ungläubige schlägt die weltberühmte Pilgerstätte in Bann → S. 111

⭐ **Toulouse**
Lebenslust und klassische Musik in der *Ville Rose* → S. 115

⭐ **Cathédrale Sainte-Cécile**
Die größte Backsteinkirche Europas steht in Albi → S. 118

⭐ **Cirque de Gavarnie**
Naturdenkmal der Unesco → S. 113

MUSÉE BASQUE

Das Museum besitzt eine sehr interessante ethnografische Sammlung, die Auskunft über die baskische Kultur gibt. *37, quai des Corsaires | www.*

LA FEUILLANTINE

Ausgewiesenes In-Lokal der baskischen Gastronomie. Das schlichte Drei-Gän-

Im Musée Basque in Bayonne erfahren Sie alles über die baskische Kultur

musee-basque.com | Di–So 10–18.30, Juli/Aug. tgl., Mi bis 21.30 Uhr | Eintritt 5,50 Euro

PETIT BAYONNE

Am rechten Ufer der Nive gibt es viele Restaurants und einige sehenswerte Häuser am *Quai Galuperie* und *Quai des Corsaires.* Das Viertel Petit Bayonne ist eine Bastion der baskischen Nationalisten, wie unschwer an den Graffiti zu erkennen ist.

Hier befindet sich auch das **INSIDER TIPP** *älteste französische Ballhaus (fronton fermé),* in dem das baskische Nationalspiel *Pelota* ausgetragen wird. *Pelota* ist eine Variante des ebenfalls noch praktizierten antiken Ballspiels *Jeu de Paume,* eines mit bloßen Händen gespielten Vorläufers des Tennisspiels.

ge-Menü *découverte* eignet sich als Test. *21, quai Amiral Dubourdieu | Tel. 05 59 46 14 94 | www.lafeuillantine-ba yonne.com | Mi und So abends geschl. | €€–€€€*

HÔTEL DES ARCEAUX

Zentral gelegenes und hübsches Haus. *6 Zi. | 26, rue Port-Neuf | Tel. 05 59 59 15 53 | www.hotel-arceaux.com | €*

AÏNHOA (178 A5) (⌖ F11)

Das Dorf am Jakobsweg (650 Ew.) liegt etwa 30 km südlich von Bayonne im Herzen des Baskenlands nahe der spanischen Grenze und darf sich mit dem

Label der „schönsten Dörfer Frankreichs" schmücken. Aïnhoa hat mehrere ansprechende Hotels, das wahrscheinlich schickste ist das Hotel *Ithurria (29 Zi. | rue Principale | Tel. 05 59 29 92 11 | www. ithurria.com | €€€).*

LA BASTIDE-CLAIRENCE
(178 A5) (*F11*)

In dem kleinen, etwa 28 km östlich von Bayonne gelegenen Dorf (1000 Ew.) scheint die Zeit stehen geblieben zu sein. Wie ein Postkartenmotiv zeigt sich der einst von Ludwig X. von Navarra 1312 gegründete Ort mit seinen Handwerkerateliers.

CAMBO-LES-BAINS (178 A5) (*F11*)

Das Heilbad (4500 Ew.) 21 km südöstlich von Bayonne am Ufer der Nive ist für sein mildes Klima bekannt, das den Ort zu einem wichtigen Kurort für Lungenkrankheiten im Frankreich des 16. Jhs. werden ließ. Heute gehört Cambo-les-Bains mit seinen Sanatorien zu den ersten und auch innovativsten Adressen in der Thermalheilkunde. Die Art-déco-Thermen sind liebevoll renoviert worden, und die Stadt ist voller Gärten, darunter der Park der prachtvoll eingerichteten **INSIDER TIPP** *Villa Arnaga (2, route du Docteur Camino | www.arnaga.com | tgl. April–Juni und Sept.–Mitte Okt. 9.30– 12.30 und 14.30–18.30 Uhr | Eintritt 6,50 Euro),* die Edmond Rostand, der Autor des mit Gérard Dépardieu verfilmten Versdramas „Cyrano de Bergerac", 1906 bauen ließ.

Übernachtungsmöglichkeiten gibt es im verwunschenen Fachwerkhaus *Rosa Enia (5 Zi., 12 Appartements | avenue du Prof.-Grancher | Tel. 05 59 93 67 20 | €).*

5 km südwestlich von Cambo-les-Bains liegt Espelette (1900 Ew.), dessen Name zum Synonym eines Gewürzes wurde. Der rote **INSIDER TIPP** *Piment d'Espelette,*

der im Baskenland oft den Pfeffer ersetzt, wird aus großen, roten Peperoni gewonnen, die ab September vor fast jedem Haus als Girlanden zum Trocknen hängen. Ende Oktober wird die Ernte mit einem großen gastronomischen Fest gefeiert.

DAX (178 B4) (*G10*)

Geschützt vom Meerwind durch einen dichten Wald und gesegnet mit vielen Thermalquellen zieht Dax (20 000 Ew.) seit dem 17. Jh. Kururlauber an. Dax ist die älteste Thermalstadt Frankreichs und empfängt noch heute mit ihren rund 15 Bädern mehr als 53 000 Kursuchende pro Jahr. Die schon von den Römern geschätzte *Fontaine Chaude* ergießt Wasser mit einer Temperatur von 62 Grad in das große, von Arkaden gesäumte Bassin. Für einen stilvollen Aufenthalt im Belle-Époque-Ambiente können Sie sich im *Grand Hôtel Mercure Splendid* einquartieren *(100 Zi. | cours de Verdun | Tel. 05 58 56 70 70 | www.mercure.com | €€–€€€).* 53 km nördlich von Bayonne

HOSSEGOR & CAPBRETON
(178 A4–5) (*F10*)

Die beiden zusammengewachsenen Badestädte Hossegor (7000 Ew.) und Capbreton (3400 Ew.) 26 km nördlich von Bayonne sind dank ihrer breiten Sandstrände, des bewegten Wellengangs und der immer frischen Brise ein Paradies für Wellenreiter, die sich hier zu wichtigen Wettbewerben wie dem Weltcup treffen. Nichtsurfer schätzen die schöne Landschaft mit einem See direkt neben dem Meer und die belebte, auch architektonisch gelungene Innenstadt. Eine elegante und freundliche Unterkunft mit kleinem Pool bietet das Hotel *Barbary Lane (18 Zi. | 156, avenue de la Côte-d'Argent | Tel. 05 58 43 46 00 | www. barbary-lane.com | €–€€).*

BERGERAC

(178 C3) *(ɰ H9)* **Im Herzen des** *Périgord pourpre* **liegt Bergerac (30 000 Ew.) im Tal der Dordogne, ein kleines, feines Weinbaugebiet seit dem 11. Jh., dessen tiefroter Rebensaft der Gegend den Namen gab.**

Geschichtsbücher nennen Bergerac, weil in der protestantischen Hochburg 1577 ein Friedensschluss den sechsten von neun Hugenottenkriegen beendete.

LOW BUDG€T

▶ Albi: Kostenlose Orgelkonzerte in der Kathedrale finden im Hochsommer (Juli/August) immer mittwochs und sonntags statt.

▶ Bordeaux: Die Pauschale *Decouverte 2 nuits* beinhaltet zwei Übernachtungen mit Frühstück, eine Stadtbesichtigung sowie die Besichtigung eines Weinbergs mit Weinprobe und eine Karte zum kostenlosen Eintritt in Sehenswürdigkeiten und Museen. Erhältlich in der Tourimuszentrale.

▶ Toulouse: An jedem ersten Sonntag im Monat ist ein ● Besuch der Museen kostenlos. Der *Passeport Musées* ermöglicht ermäßigte Pauschaltarife für drei (6 Euro) oder sechs Museumsbesuche (9 Euro). Bei einem längerem Aufenthalt in der Stadt lohnt ein Erwerb der Karte *Toulouse en Liberté* zum Preis von 10 Euro mit etwa 130 Vergünstigungen (erhältlich im Office de Tourisme).

SEHENSWERTES

CHÂTEAU DE MONBAZILLAC

Kenner schwärmen von dem goldenen, likörsüßen Monbazillac, klassischer Begleiter der regionalen Spezialität *foie gras* (Enten- oder Gänseleberpastete). Im Château de Monbazillac gehört zu einer Führung auch eine Verkostung *(www.chateau-monbazillac.com | tgl. Juni–Sept. 10–19, Okt.–Dez. und Feb.–Mai 10–12 und 14–17 Uhr | Eintritt 6,60 Euro). 7 km südlich*

MUSÉE DE TABAC

Einmalig in Europa: 3000 Jahre Geschichte, Kunst und Utensilien des Rauchens. *Maison Peyrarède, Place du Feu | Di–Fr 10–12 und 14–18, Sa bis 17, So 14.30–18.30 Uhr | Eintritt 3 Euro*

ESSEN & TRINKEN

L'IMPARFAIT

Authentische Küche in rustikalem Rahmen in der Altstadt. *8, rue des Fontaines | Tel. 05 53 57 47 92 | www.imparfait.com | kein Ruhetag | €€*

ÜBERNACHTEN

HÔTEL DE BORDEAUX

Günstiges Haus in zentraler Lage mit Parkplätzen und Pool. *40 Zi. | 38, Place Gambetta | Tel. 05 53 57 12 83 | www.hotel-bordeaux-bergerac.com | €*

ZIELE IN DER UMGEBUNG

INSIDER TIPP CINGLE DE TRÉMOLAT

(178 C3) *(ɰ H9)*

Ein Naturschauspiel ist diese 10 km lange Flussschleife der Dordogne etwa 30 km östlich von Bergerac. In *Béynac-et-Cazenac,* 61 km östlich von Bergerac, können Sie eines der Gabarres-Boote besteigen, die gemächlich die Dordogne entlanggleiten *(April–Okt. halbstdl. www. gabarre-beynac.com).* In Trémolat (700 Ew.) steht kolossartig eine romanische Kirche (11. Jh.).

SAINTE-ALVÈRE (178 C3) (*∅ H9*)

Im Winter lohnt sich ein Abstecher ins 30 km westlich gelegene Sainte-Alvère,

dem AOC für Wein. Der Erdbeermarkt findet von Mitte April bis Mitte November statt.

BIARRITZ

(178 A5) (*∅ F11*) **Seiner filmreifen Meerkulisse verdankt Biarritz**

Gute Surfspots gibt es viele an der Atlantikküste, auch in Biarritz

um den legendären Trüffelmarkt zu besuchen, auf dem die „schwarzen Diamanten" gehandelt werden *(Nov.–Febr. Mo vormittags).*

VERGT (178 C3) (*∅ H9*)

Aus Vergt (1500 Ew.) etwa 35 km nördlich von Bergerac kommen Erdbeeren, was unschwer an den kilometerlangen Feldern, die mit Plastikhauben bedeckt sind, erkennbar ist. Die Erdbeeren aus Vergt gelten als die süßesten Frankreichs. Die *Fraise du Périgord* darf als einzige europäische Erdbeere das geschützte Herkunftszeichen IGP führen, vergleichbar

(30 000 Ew.) den Aufstieg von einem einst armen Hafenstädtchen zu einem mondänen Seebad.

Mitte des 19. Jhs. traf sich hier der europäische Hochadel und hinterließ architektonische Spuren in Form zahlreicher Villen mit Meerblick. Die berühmtesten sind das *Château Javalquinto*, heute Sitz der Tourismuszentrale, und die Villa der Kaiserin Eugenie, Gattin Napoleons III., in dem heute das *Hôtel du Palais* untergebracht ist. Auf der Esplanade rund um den Marienfelsen, an dem sich spektakulär die Wellen brechen, trifft sich der Jetset. Einst flanierten hier

Jean Cocteau, Ernest Hemingway, Sarah Bernhardt und Frank Sinatra, heute tun es Modedesigner wie Karl Lagerfeld und Jean-Paul Gaultier.

Die meisten Besucher kommen jedoch zum Surfen. Der starke Wellengang, schnell wechselnde Wetterverhältnisse, weiße Sandbuchten und zahlreiche Thalassoangebote haben die „Königin der Strände", wie man Biarritz früher nannte, wiederbelebt. Im Sommer verfünffacht sich die Bevölkerung, und ein Festival folgt dem anderen.

SEHENSWERTES

MUSÉE ASIATICA
Das Haus präsentiert eine für Sammler unverzichtbare Schau über orientalische Kulturen mit dem Schwerpunkt Indien, Tibet und China. *1, rue Guy Petit | www. asiatica.com | tgl. 14–18, Juli/Aug. ab 10.30 Uhr*

MUSÉE DE LA MER
Das Museum wurde 2011 neu eröffnet: Auf vier Ebenen erfahren Sie alles über 150 Fischarten, die im Golfe de Gascogne leben. Herzergreifend: Seehundfütterung um 10.30 und 17 Uhr mit Panoramablick von der obersten Ebene. *Plateau de l'Atalaye (neben dem Marienfelsen) | www.museeedelamer.com | tgl. ab 9 Uhr, Juli/Aug. bis Mitternacht, sonst 18 oder 19 Uhr, Nov.–März Mo geschl. | Eintritt 13 Euro*

ESSEN & TRINKEN

LE CLOS BASQUE
Ein einfaches, aber gut gelegenes Restaurant mit angeschlossenem Garten. Béatrice Viateaus Kochkünste sind *magique*. *12, avenue Louis-Barthou | Tel. 05 59 24 24 96 | So abends und Mo geschl. | €€*

STRÄNDE

GRANDE PLAGE ★
Dies ist der mondänste der Biarritzer Strände mit dem Beinamen „Küste der Verrückten", direkt unter dem Kasino gelegen und mit bunten Umkleidekabinen ausgestattet.

PLAGE DE LA CÔTE-DES-BASQUES
Dieser Strand südlich des Zentrums verdankt seinen Namen einer „Wallfahrt zum Meer" und ist heute fest in Händen der Surfer.

ÜBERNACHTEN

HÔTEL LE SAINT-CHARLES
Reizendes Hotel mit großem Garten, etwas außerhalb des Zentrums. *13 Zi. | 47, avenue Reine-Victoria | Tel. 05 59 24 10 54 | www.hotelstcharles.com | €€*

AUSKUNFT

OFFICE DU TOURISME ET DES CONGRÈS
Square d'Ixelles | Tel. 05 59 22 37 10 | www. biarritz.fr

ZIELE IN DER UMGEBUNG

HENDAYE (178 A5) (𝕄 F11)
Die Grenzstadt (13 000 Ew.) kurz vor Spanien ist ein Badeort mit weitem Strand und sanftem Wellengang, der vor allem Familien mit Kindern anlockt. Dank der strategischen Lage wurde hier oft Geschichte geschrieben: In Hendaye wurde 1659 der Vertrag der Pyrenäen unterzeichnet, die Heirat zwischen Ludwig XIV. und Infantin Maria-Theresia besiegelt, und Adolf Hitler kam hier mit Franco 1940 zu einem geheimen Treffen zusammen. Für eine Thalassokur bietet

sich das modern eingerichtete Hotel *Serge Blanco* an *(90 Zi. | 125, boulevard de la Mer | Tel. (*) 08 25 00 00 15 | www. thalassoblanco.com | €€–€€€). 20 km westlich*

LA RHUNE  (178 A5) (*F11*)

Der etwa 15 km südlich von Biarritz gelegene Ort *Ascain* (3000 Ew.) ist Ausgangs-

SAINT-JEAN-DE-LUZ (178 A5) (*F11*)

Zwei Charakteristika machen den Charme dieser touristisch stark frequentierten baskischen Stadt (13 000 Ew.) 5 km südlich von Biarritz aus: der Fischereihafen und die historische Altstadt rund um die belebte *Place Louis XIV*. Der Name des Sonnenkönigs ist in Saint-Jean-de-Luz sehr präsent, denn er ehelichte hier die

Schön voll: Die Grande Plage von Biarritz in der Hochsaison

station für viele Wanderungen auf den heiligen Berg des Baskenlands, *La Rhune* (900 m). Vom Gipfel haben Sie einen herrlich spektakulären Blick auf das Meer, die umliegenden Wälder und die Pyrenäen. Wenn Sie nicht laufen möchten, können Sie die Zahnradbahn nehmen, die mit einem gemütlichen Tempo von 8 km/h von Ascain über Saint-Ignace bis zur Bergspitze hinauftuckert *(www.rhune. com).*

spanische Infantin Maria-Theresia. Einige Jahre nach der Trauung am 8. Mai 1660 in der – wegen ihrer dreigeschossigen Galerie sehr sehenswerten – Kirche *Saint-Jean-Baptiste* wurde das Kirchentor zugemauert und verlegt. An der eleganten Meeresfront reihen sich Hotels, ein Kasino und jede Menge Appartementhäuser aneinander. Für ein baskisches Abendessen sollten Sie im *Chez Maja – Le Petit Grill Basque* einkehren *(2, rue*

St-Jacques | Tel. 05 59 26 80 76 | Mi geschl. | €). In einer kleinen Seitenstraße finden Sie ein hübsches baskisches Haus mit Garten, das *Hôtel Ohartzia (17 Zi. | 28, rue Garat | Tel. 05 59 26 00 06 | www. hotel-ohartzia.com | €€).*

INSIDER TIPP **SAINT-JEAN-PIED-DE-PORT** (178 B5) *(ⓜ F11)*

Das Dorf (1500 Ew.) an der Nive „zu Füßen des Passes", 57 km südöstlich von Biarritz, 7 km vor der spanischen Grenze,

BORDEAUX

(178 B3) *(ⓜ G9)* ★ **Die Hauptstadt der Region Aquitaine (235 000 Ew.) liegt rund 60 km vom Meer entfernt an der Garonne.**

Bordeaux genießt den Ruf, die Hochburg der Bourgeoisie zu sein. Adel und Bürgertum machen ihr Geld seit jeher mit Wein und Handel. Der Weinmetropole sieht man diesen Reichtum an: Die

Nach dem Einkaufen entspannen: Straßencafés am Markt in Bordeaux

wichtige Pilgerstation auf dem Jakobsweg, lohnt den Wochenendtrip. Von der Zitadelle aus hat man einen schönen Blick auf Pyrenäengipfel. Wenn man Glück hat, erlebt man im Hochsommer eines der Dorffeste mit baskischer Folklore. Gut speisen können Sie im Restaurant ☺ *Iratze Ostatua* mit großem Garten in der Fußgängerzone, das ausschließlich regionale Produkte und heimischen Wein auf den Tisch bringt *(11, rue de la Citadelle | Tel. 05 59 49 17 09 | Di geschl. | €€).*

Opulenz des 18. Jhs. hat hier im großen Stil Spuren hinterlassen. Doch es gibt auch ein Bordeaux mit kleinen mittelalterlichen Gässchen und neu zum Leben erweckten Quais an der Garonne. Links des Flusses ist der Zugang zum Wasser wieder möglich, am rechten Ufer soll ein grünes Viertel entstehen. Eine moderne Trambahn ohne Oberleitung entlastet den Verkehr. VCub vermietet an 139 Stationen Fahrräder *(Plan unter www.vcub. fr).* Mit Toulouse schloss Bordeaux sich zum „Aerospace Valley" zusammen, um die Wirtschaftskraft der französischen Luftfahrtindustrie mit 94 000 Mitarbeitern in 1200 Unternehmen zu nutzen.

SEHENSWERTES

ALTSTADT
Im Bezirk *Le Vieux Bordeaux* zwischen den beiden eher volkstümlichen Vierteln Chartrons und Saint-Michel gelegen stehen rund 5000 (!)denkmalgeschützte klassizistische Häuser, häufig mit hellen Sandsteinfassaden, was Bordeaux den Beinamen *Ville Blanche* verschaffte.

CAPC
Das Museum für zeitgenössische Kunst zeigt Meisterwerke von 1960. *7, rue Ferrère | Di–So 11–18, Mi bis 20 Uhr | Eintritt 5 Euro*

CATHÉDRALE SAINT-ANDRÉ
Sie gehört zum Weltkulturerbe der Unesco, wurde im 11. Jh. erbaut, zwischen dem 13. und 15. Jh. erweitert. Vor allem das *Portail Royal* mit seinen vielen Figuren ist berühmt.

ESPLANADE DES QUINCONCES
Der hälftig mit Bäumen bepflanzte größte Platz Frankreichs auf 126 000 m² Fläche gehört zu den weitläufigsten Stadtplätzen Europas. Erbaut nach dem Hundertjährigen Krieg und erweitert unter Ludwig XIV., ist er auch Erinnerungsort für zwei der wichtigsten Bürger der Stadt: den Philosophen Michel de Montaigne und den Staatstheoretiker Baron de Montesquieu.

GRAND THÉATRE
Es zählt zu den schönsten Opernhäusern der Welt und gilt als Meisterstück des Pariser Architekten Victor Louis. Zwölf korinthische Säulen und neun Musenstatuen bilden das Perystil. Zu besichtigen ist das Vestibül, die Monumentaltreppe und die Decke im Saal. *Place de la Comédie | Besichtigungen Mi und Sa 14, 15.30 und 17 Uhr, Vorreservierung am Ticketschalter oder telefonisch 05 56 00 85 95. Aktuelles Programm der Opéra National de Bordeaux unter www.opera-bordeaux.com*

PLACE DE LA BOURSE
Der Börsenplatz, erbaut in den Jahren von 1730 bis 1755, gehört zu den schönsten Plätzen der Stadt. Die Drei Grazien auf dem Brunnen zwischen *Palais de la Bourse* und *Musée National des Douanes* (Zollmuseum) verkörpern symbolisch die Eleganz dieses architektonischen Ensembles.

ESSEN & TRINKEN

LA BOÎTE À HUÎTRES
Das nette, schräg gegenüber der Oper gelegene Restaurant ist auf Austern spezialisiert. Im Sommer können Sie die auch auf der Terrasse genießen. *36, cours du Chapeau Rouge | Tel. 05 56 81 64 97 | Mo abends geschl. | €€*

EINKAUFEN

Unbedingt probieren sollten Sie die *cannelés*, kleine Kuchen mit leicht karamellisierter Kruste: außen knackig, innen weich, mit Vanille und Rum aromatisiert. Erhältlich sind diese Köstlichkeiten unter anderem bei *Baillardran (Galerie des Grands-Hommes)*.

AM ABEND

Besonders beliebt bei der jungen Bordelaiser Szene sind die Bars und Diskotheken am *Quai Armand-Lalande.* Auch an der *Place de la Victoire* gibt es eine große Auswahl an Kneipen mit Livemusik. Informationen über Resttickets, kulturelle Tagesevents, etc. bekommen Sie am *Kiosque Bordeaux Culture (allées de Tourny, Mo–Sa u. 1. So 11–19 Uhr)*. Fragen Sie nach „Bordeaux Magazine" und „Sortir à Bordeaux".

ÜBERNACHTEN

HÔTEL DE L'OPÉRA
In einem prachtvollen Gebäude untergebrachtes Hotel mit einfachen Zimmern nahe der Oper. *75 Zi. | 35, rue Esprit de Lois | Tel. 05 56 81 41 27 | www. hotel-bordeaux-centre.com | €*

AUSKUNFT

OFFICE DE TOURISME
12, cours du 30-Juillet | Tel. 05 56 00 66 00 | www.bordeaux-tourisme.com

ZIEL IN DER UMGEBUNG

SAINT-EMILION (178 C3) (*M G9*)
Jeder Weinliebhaber kennt den Ort (2000 Ew.). Der Rotwein aus diesen Lagen ist weltberühmt. Gelegen auf zwei Kalksteinhügeln, umgeben von Weinbergen bester Lagen, zieht der Ort nicht nur Weinfreunde an. Die unterirdische, aus einem Stein gehauene Monolithkirche aus dem 11. Jh. ist eine der größten Europas. Weinproben bietet die *Maison du Vin de Saint-Emilion (Place Pierre-Meyrat | Tel. 05 57 55 50 55 | www.mai sonduvinsaintemilion.com)* an.

CAHORS

(179 D3) (*M J10*) Spektakulär in einer riesigen Flussschleife gelegen, bildet die in galloromanischer Zeit besiedelte Stadt (20 000 Ew.) eine Art Halbinsel.
Über das Ufer des Lot führen mehrere Brücken. Die bekannteste ist der *Pont Valentré*, der mit seinen 40 m hohen Türmen den Befestigungsbaustil des Mittelalters bezeugt. Dass Cahors im 13. Jh. seine Blütezeit erlebte, merkt man auch in der Altstadt. Fachwerk- und Ziegelsteinhäuser wie die *Maison de Roaldès (247, quai Champollion)* prägen das Stadtbild. Die Kathedrale *Saint-Etienne*, ist ein imposanter Kuppelbau mit schönem Nordportal und Kreuzgang. Übernachten kann man günstig, 15 km außerhalb von Cahors, im romantischen Gästehaus *Le Clos des Dryades* in *Vers (32 Betten in Zimmern und Hütten für 2–8 Pers. | Lieudit du Bois noir | Tel. 05 65 31 44 50 | www. closdesdryades.com | €)*.

ZIELE IN DER UMGEBUNG

CONQUES (179 E3) (*M K9*)
Seine atemberaubende Lage kennzeichnet diesen kleinen Ort (300 Ew.) 120 km nordöstlich von Cahors, der sich an die steil abfallenden Hänge einer Schlucht

schmiegt. Die romanische Abteikirche, eine der Pilgerstationen auf dem Jakobsweg, bildet das Herz des Dorfs, in dem Ruhe und wilde Natur eine Einheit bilden. Übernachtungsmöglichkeiten finden Sie zum Beispiel im geschmackvoll renovierten *Hôtel Sainte-Foy (17 Zi. | Tel. 05 65 69 84 03 | www.hotelsaintefoy.fr | €€€)*.

DOMME (179 D3) (*ℳ J9*)

Gern auch „Akropolis des Périgord" genannt wegen seiner Lage auf einem Felsen mit Blick auf die Dordogne, ist Domme (1000 Ew.) vor allem wegen seiner trapezförmigen *Bastide* bekannt. 1283 von Philippe dem Kühnen gegründet, sollte die 55 km nördlich von Cahors gelegene Festung vor allem das Dordognetal überwachen.

DORDOGNETAL ★ (179 D3) (*ℳ J9*)

Einer der malerischsten Abschnitte des 490 km langen Flusses, der in der Auvergne entspringt und in die Gironde mündet, liegt im östlichen Périgord zwischen den Orten **INSIDER TIPP** *Beaulieu-sur-Dordogne* und *Souillac*, etwa 70 km nördlich von Cahors. Von Beaulieu mit den Überresten einer Benediktinerabtei windet sich der Fluss in weichen Bögen über *Carennac*, später an der mittelalterlichen Festung *Floirac* vorbei bis zur Flussschleife *Cirque de Montvalent*. In stärkeren Windungen geht es zur Vogtei von *Creysse*, dann unter der Brücke von *Meyronne* hindurch und bis zu der Grotte von *Lacave*. Kurz vor dem pittoresken Ort Souillac ist rechts noch das *Château de la Treyne* zu sehen. Übernachten können Sie 5 km von Souillac im Landsitz *Le Manoir (10 Zi. und Studios | La Forge | Tel. 05 65 32 77 66 | www.lemanoir.net | €)*.

INSIDER TIPP EYRIGNAC

(179 D3) (*ℳ J9*)

Die Gärten von Eyrignac 14 km nördlich von Sarlat sind ausnahmsweise nicht his-

Domme wurde einst als Wehrdorf in strategisch günstiger Lage auf einem Felsen errichtet

torischen Ursprungs, sondern stammen aus dem 20. Jh. 1960 entschloss sich der aristokratische Besitzer Gilles Sermadiras de Pouzols de Lile, aus dem Wildwuchs seines Gutshauses einen französischen Vorzeigegarten zu schaffen. Sein Sohn Patrick führt die Arbeit seines Vaters fort und hat dieses *Monument Historique* inzwischen auch für Besucher geöffnet, die heute zwischen Apfelbaumalleen und Eibenzylindern spazieren gehen und über die weißen Rosensträucher staunen. *www.eyrignac.com | tgl. April 10–19, Mai–Sept. 9.30–19, Okt.–März 10.30–12.30 und 14.30 Uhr bis Einbruch der Dunkelheit | Eintritt 12 Euro*

LES EYZIES-DE-TAYAC (179 D3) (*ØJ J9*)
20 km westlich von Sarlat liegt über dem Vézère-Tal der neben Lascaux wichtigste archäologische Fundort Frankreichs, denn hier fand man 1868 die fossilen Überreste des Cro-Magnon-Menschen. Dieser Fund gilt als eine der ersten Entdeckungen von Knochen des Homo sapiens. Außergewöhnlich interessant sind die prähistorischen Schutzhöhlen von *Laugerie-Basse*, in den Felsen geschlagene Wohnbuchten, und die Grotten von *Grand Roc* und *Font-de-Gaume*. Gut informiert werden Sie im *Musée National de Préhistoire (1, rue du Musée | www.musee-prehistoire-eyzies.fr | Okt.–Mai Mi–Mo 9.30–12.30 und 14–17.30, Juni und Sept. Mi–Mo 9.30–18, Juli/Aug. tgl. 9.30–18.30 Uhr | Eintritt 5 Euro)*.

INSIDER TIPP **JARDINS DE MARQUEYSSAC** (179 D3) (*ØJ J9*)
Auf einem Felsvorsprung oberhalb des Dordogne-Tals, 60 km nordwestlich von Cahors, befindet sich die ungewöhnlichste Parklandschaft des Périgord: die 22 ha großen „hängenden Gärten" des Château de Marqueyssac mit 150 000 Buchsbäumen und Alleen auf 6 km Länge. *Vézac | www.marqueyssac.com | tgl. Juli/Aug. 9–20, April–Juni, Sept. 10–19, Febr./März/Okt. 10–18, Nov.–Jan. 14–17 Uhr | Eintritt 7,20 Euro*

INSIDER TIPP **PECH-MERLE** (179 D3) (*ØJ J9*)
Die 1922 entdeckte Grotte mit prähistorischen Wandmalereien 30 km nordöstlich von Cahors ist weniger bekannt als die berühmte Grotte von Lascaux. Der rund 1 km lange Parcours führt vorbei an der Kapelle der Mammuts, einem 3 m hohen und 7 m langen, schwarzen Fries, und der Galerie der Bären, einer Decke mit Hieroglyphen und prähistorischen Fußabdrücken. *www.pechmerle.com | April–Okt. 9.30–12 und 13.30–17 Uhr | Eintritt 8 Euro*

ROCAMADOUR ★ (179 D3) (*ØJ J9*)
Eine spektakuläre Lage, ein wundersamer Heiliger und eine schwarze Madonna machten Rocamadour (600 Ew.) bekannt. In dem kleinen Wallfahrtsort im Périgord, 60 km nordöstlich von Cahors, der an einem schroffen Felsen zu kleben scheint, drängelten sich im Mittelalter oft bis zu 30 000 Pilger. Darunter waren auch Könige, die sich von St-Amadour, einem mysteriösen Mann, dessen unverwester Leichnam bei Grabungen gefunden worden war, und von der schwarzen Jungfrau *Notre-Dame-de-Rocamadour* Linderung ihrer Leiden erhofften. Im Glaubenskrieg wurde die Kirche zerstört, nur die Marienfigur und die Kirchenglocke blieben erhalten. Im 19. Jh. versuchten die Bischöfe von Cahors mit Erfolg, den Ort wiederzubeleben. Heute ist er wieder eine beliebte Pilgerstätte.
Eine idyllisch im Grünen gelegene Unterkunft finden Sie auf dem Landsitz *Domaine de la Rhue*, 6 km nördlich von Rocamadour *(14 Zi. | Tel. 05 65 33 71 50 | www.domaine delarhue.com | Nov.–Ostern geschl. | €€)*.

SARLAT-LA-CANÉDA (179 D3) (*M J9*)
Im Zentrum (10 000 Ew.) des *Périgord Noir,* so benannt nach den in Gourmetkreisen hoch gehandelten schwarzen Trüffeln, aber auch wegen der dunklen Besichtigung an der *Place du Peyrou* mit der Kathedrale *Saint-Sacerdos.* Für rustikale Gerichte aus der Region und den Genuss der hervorragenden Kartoffeln kehrt man in der *Auberge des Lys d'Or* ein

Rocamadour war im Mittelalter eine viel besuchte Pilgerstätte – und ist es heute wieder

Wälder aus Eichen, Kastanien und Walnussbäumen, entdeckt man eine in 1000 Jahren entstandene architektonische Märchenstadt. Sarlat verdankt seine besterhaltene historische Substanz vermutlich den Sümpfen ringsum, aus denen allerdings Mücken tückische Krankheitserreger mitbrachten, denen man erst Mitte des 20. Jh. effektiv begegnen konnte. An vielen Häusern lassen sich die Epochengeschmäcker direkt ablesen: das Erdgeschoss ist aus dem Mittelalter, danach kommt eine Etage Gotik, dann ein Stockwerk Renaissance. Starten Sie Ihre

(17, rue Alberic Cahuet | Tel. 05 53 31 24 77 | Mi abends und Do geschl. | €€). Stilecht und zentral übernachten Sie im *Hôtel des Récollets (18 Zi. | 4, rue Jean-Jacques-Rousseau | Tel. 05 53 31 36 00 | www.hotel-recollets-sarlat.com | €–€€).*

LOURDES

(178 C5) (*M G11*) ★ Nach Rom, so sagt man in Frankreich, ist Lourdes (16 000 Ew.) die zweitwichtigste Pilgerstätte der Katholiken.

5,5 Mio. Gläubige, davon 70 000 Kranke, kommen pro Jahr nach Lourdes. Am 11. Februar 1858 erblickte die 14-jährige Bernadette Soubirous beim Holzsammeln die Jungfrau Maria in der Grotte des Felsens Massabielle. Insgesamt 18-mal erscheint *la belle dame* der kleinen Bernadette. Zu Ostern und Allerheiligen ist der Ansturm der Gläubigen besonders groß. Aber auch Wanderer kommen in Lourdes auf ihre Kosten: Dank der Lage am nördlichen Ausläufer der Pyrenäen eignet sich die Stadt als Ausgangsort für Wanderungen ins Gebirge.

SEHENSWERTES

BASILIKA NOTRE-DAME DU ROSAIRE
Eine der meistbesichtigten Stätten. Die Rosenkranzbasilika ist im romanisch-byzantinischen Stil erbaut und berühmt für ihre Mosaiken auf einer Fläche von 2000 m². *1, avenue Monseigneur Théas*

GROTTE
Die Grotte mit heilbringender Quelle und Bädern, die Krypta, die über der Grotte gelegene obere *Basilique de l'Immaculée Conception* und die unterirdische Basilika *Saint-Pie-X* sind von 5 Uhr morgens bis Mitternacht geöffnet, Eintritt frei *(www. lourdes-france.org)*.

MUSÉE DE CIRE DE LOURDES
In dem Wachsfigurenkabinett wurde das Leben der Bernadette Soubirous nachgestellt. *87, rue de la Grotte | tgl. April–Okt. 9–12 und 13.30–18.30, So ab 10 Uhr, Mitte Juli–Mitte Aug. durchgängig | Eintritt 6 Euro*

ESSEN & TRINKEN

LE MAGRET
Rustikales Ambiente mit altem Kachelboden. Die Küche des Hauses serviert regionale Gerichte. *10, rue des Quatre-*

Lourdes ist immer noch der meistbesuchte Wallfahrtsort der Welt

Frères-Soulas | Tel. 05 62 94 20 55 | Mi geschl. | €€

ÜBERNACHTEN

GRAND HÔTEL DE LA GROTTE

Traditionsreiches Haus direkt neben den Pilgerstätten. *83 Zi. | 66, rue de la Grotte | Tel. 05 62 94 58 87 | www.hotel-grotte.com | €€€*

INSIDER TIPP LES ROCAILLES

Günstig, aber ein bisschen entfernt liegt das recht hübsch dekorierte Gasthaus im 4 km entfernten *Omex. 3 Zi. | Tel. 05 62 94 46 19 | €€*

ZIELE IN DER UMGEBUNG

LA BIGORRE (178 C5) (*H11*)

Im Herzen der Pyrenäen liegt diese wilde Region aus Tälern und Bergen, durchdrungen von Gebirgsbächen, Bergseen und traumhafter Wald- und Wiesenlandschaft. Touristisches Highlight ist der auf 2877 m Höhe gelegene Gipfel *Pic du Midi de Bigorre* mit seinem Panoramablick über die Gebirgskette der Pyrenäen. Wer nicht laufen will, kann die Seilbahn an der Station *La Mongie* nehmen.
15 Ferienwohnungen finden Sie im Tal von Lesponne (30 km von Lourdes) in der *Domaine de Ramonjuan* (800 m), einem restaurierten und erweiterten Bergbauernhof *(Tel. 05 62 91 75 75 | www.ramonjuan.com | €€–€€€)*.

CIRQUE DE GAVARNIE ★
(178 B–C 5–6) (*G–H12*)

Victor Hugo nannte den heute von der Unesco als Naturdenkmal geschützten Felsenkessel im Parc National des Pyrenées 48 km südlich von Lourdes ein „Colosseum der Natur". Der Cirque mit 800 m Durchmesser ist umgeben von 3000er-Gipfeln, Schauplatz eines der steilsten Wasserfälle Europas (423 m) neben ca. 15 weiteren plätschernden Bächen und erhebt sich bis 4000 m hoch. Das Naturschauspiel ist nur für Fußgänger mit gutem Schuhwerk zugänglich. Parkplatz in Gavarnie (1375 m), von da aus bergauf. Zwei- bis dreistündige Touren auf Esel, Pony, Pferd möglich *(www.gavarnie.com)*. Preisgünstig und mit Blick auf den Cirque wohnen Sie im *Hôtel Le Compostelle (14 Zi. | Tel. 05 62 92 49 43 | €)* mitten im Ort neben der Kirche.

PAU (178 B5) (*G11*)

25 km nordwestlich von Lourdes liegt Pau (80 000 Ew.), nur 50 km von den Pyrenäen entfernt. Dies verleiht der eleganten Stadt ein Panorama, das man sehr schön vom *Boulevard des Pyrénées* aus bewundern kann. Direkt hier befindet sich auch die *Place Royale*, die sich als Startpunkt für einen Rundgang durch die Altstadt von Pau und das alte Handwerkerviertel *Hédas* eignet. Nicht weit entfernt liegt das *Château*, hoch über dem Fluss Gave, Geburtsstätte von Henri IV. Es stammt aus dem 14. Jh., hat aber seinen Festungscharakter im Zug ständiger An- und Umbauten verloren. Höhepunkte der üppig dekorierten Appartements sind die Gobelinsammlung und das Schlafzimmer von Kaiserin Eugénie *(www.musee-chateau-pau.fr | tgl. Mitte Juni–Mitte Sept. 9.30–12.30 und 13.30 bis 18.45, sonst 9.30–11.45 und 14–17 Uhr | Eintritt 5 Euro)*. In einem alten City-Herrenhaus liegt das INSIDER TIPP *Hôtel Montpensier (22 Zi. | 36, rue Montpensier | Tel. 05 59 27 42 72 | www.hotel-montpensier-pau.com | €€–€€€)*.

SAINT-BERTRAND DE-COMMINGES
(178 C5) (*H11*)

Der Welt entrückt, liegt der kleine Ort (250 Ew.) rund 70 km östlich von Lourdes in einer wunderschönen Landschaft. Obwohl St-Bertrand-de-Comminges mit alten Gemäuern und kleinen Gassen voller Kunsthandwerkbetriebe selbst eines der schönsten Dörfer Frankreichs ist, zieht die mit 14 Strebepfeilern gestützte, wuchtige Kathedrale *Sainte-Marie* (12. Jh.) die meisten Touristen und Pilger an. Ihr Kreuzgang und die Holzarbeiten am Chor sind bemerkenswert. *Juli/Aug. Do 20.45–22 Uhr musikalisches Programm*

VALLÉE D'OSSAU (178 B5–6) (*ɱ G11*)

Das teilweise zum Nationalpark der Pyrenäen zählende Tal, 50 km südlich von Pau, ist mit seinen spiegelklaren Seen, Wasserfällen, Gebirgsbächen und Berggipfeln ein Paradies für alle Wanderer. 27 km weiter östlich befindet sich auf 1400 m das Wintersportgebiet Gourette bei Eaux-Bonnes, ein auf Rheumabehandlungen spezialisiertes Thermalbad, dessen „gute Wasser" seit dem 16. Jh. gerühmt werden *(www.valleedossau. com, www.gourette.com).*

PÉRIGUEUX

(178 C3) (*ɱ H9*) **Das Zentrum der wegen der Kreideböden und Kalkfelsen Périgord blanc genannten Region (30 000 Ew.) wurde in galloromanischer Zeit gegründet.**

Davon zeugen bis heute die Reste der Tour de Vésone mit 30 m Durchmesser und der Arena. Ein Spaziergang durch die an Renaissancefassaden reiche Altstadt beginnt beim Fremdenverkehrsamt *(26, Place Francheville).* Nach einem Panoramablick von der ⚜ *Tour Mataguerre* führt der Weg durch das alte Handwerkerviertel *Saint-Front* und durch die *Rue des Farges* bis zur *Cathédrale Saint-Front,* die zum Unesco-Kulturerbe zählt. Ihren Ursprung hat die Kirche im 6. Jh. Sie wurde immer weiter ausgebaut und hat

heute fünf Kuppeln. Einen wunderbaren Blick auf das mächtige Kirchenensemble bietet die *Place de la Clautre.* Neben der reichen Architektur ist Périgueux vor allem für seine Esskultur bekannt. Empfehlenswert ist das Restaurant *Le Clos Saint-Front* mit herzhafter Küche und kleinem Garten *(5–7, rue de la Vertu | Tel. 05 53 46 78 58 | So abends und Mo geschl. | €€–€€€).* Eine zentral gelegene Übernachtungsmöglichkeit bietet das Hotel *Bristol (29 Zi. | 37–39, rue Antoine-Gadaud | Tel. 05 53 08 75 90 | www. bristolfrance.com | €€).*

ZIELE IN DER UMGEBUNG

CHÂTEAU DE HAUTEFORT
(179 D2) (*ɱ J9*)

Das imposante Schloss rund 40 km östlich von Périgueux, auf den Grundmauern einer Burg aus dem 9. Jh. errichtet, dominiert weithin die Landschaft. Im Juli und August jeweils mittwochs um 21 Uhr gibt es Nocturnes: theatralisch inszenierte Schlossführungen mit längst verstorbenen Marquis de Hautefort. *www. chateau-hautefort.com | tgl. Juni–Aug. 9.30–19, Sept. 10–18, April–Mai 10–12.30 und 14–18.30, März und Okt.–Mitte Nov. 14–18 Uhr | Eintritt 8,50 Euro*

LASCAUX (179 D2) (*ɱ J8*)

Die berühmten Grotten von Lascaux befinden sich etwa 70 km nordöstlich von Périgueux. Das 17 000 Jahre alte, eindrucksvolle Zeugnis menschlicher Kunst wurde durch einen Zufall im Jahr 1940 von spielenden Kindern entdeckt. Doch der spektakuläre Fund war dem Massenansturm nicht gewachsen. 1963 musste die Grotte geschlossen werden, weil die Felsenmalereien zu stark gelitten hatten. Inzwischen bedroht auch Schimmel das Kulturerbe. Besuchen können Sie heute deshalb nur Lascaux II. In der nur rund

200 m von der Originalgrotte entfernten Ersatzgrotte wurden die Malereien kopiert. Die Meisterwerke der rund 1500 Originalzeichnungen sind auch hier zu sehen: z. B. die fünf schwarzen Stiere aus der Rotunde, deren viertes Tier 5,50 m misst und damit die längste Figur der Altsteinzeit ist. Die Besichtigung ist nur mit Führung gestattet. Täglich werden 2000 Besucher zugelassen, danach richten sich die Öffnungszeiten. *Kasse in Montignac, neben der Tourismusbehörde: Place Bertran-de-Born | Tel. 05 53 05 65 65 | www.lascaux.culture.fr | tgl. ab 9 Uhr, Herbst/Winter Mo und Jan. geschl. | Eintritt 12 Euro*

TOULOUSE

(179 D5) *(◻ J11)* ⭐ **Toulouse wird von vielen unterschätzt, die in der Provence oder am Atlantik „hängenbleiben".**

Die Hauptstadt (440 000 Ew., darunter 90 000 Studierende) der Region Midi-Pyrénées hat sich mit Bordeaux zum wichtigsten Luft- und Raumfahrtzentrum in Europa entwickelt. Airbus Toulouse ist der größte Arbeitgeber in der ville rose mit roten Ziegelsteinhäusern. Toulouse an der Garonne zu Füßen der Pyrenäen, 150 km vom Mittelmeer, 250 km vom Atlantik entfernt, profitiert kulinarisch von den Nachbarn Languedoc und Gascogne. Das Klima ist im Sommer heiß-trocken, im Winter mild-trocken, manchmal bläst aus Südost der gefürchtete, pfeifende *Vent d'Autan*. Kelten besiedelten die Gegend vor 2000 Jahren, Römer und Westgoten folgten. Während der 600jährigen Herrschaft der Capitouls prosperierte Toulouse zu einer der reichsten mittelalterlichen Städte Frankreichs, dank des Färberwaids, einer bläulichen Pflanze, die zur Textilfärbung benutzt wurde, bis Portugiesen das preisgünstigere Indigo importierten. Toulouse wartet nicht nur mit architekto-

Berühmt für ihre Wandmalereien ist die Höhle von Lascaux

CITY WOHIN ZUERST?
Setzen Sie sich in der **Rue Lafayette** in den *Petit Train toulousain (Juni–Sept. stdl. 10.30–18.30 Uhr, sonst Mi, Sa, So, Mitte Nov.– Mitte März kein Betrieb, 5,50 Euro)*, und werfen Sie erste Blicke auf Capitole, Basilika, diverse Stadtpalais. Alternativ unternehmen Sie eine (auch deutsch) kommentierte Fahrt im **Taxi touristique** *(u. a. Capitole Taxi, Tel. 05 34 25 02 50, 75 Minuten 50 Euro, 2 Std. 65 Euro)*. Die nächstgelegene Metrostation ist Capitole. Gute Parkmöglichkeiten finden Sie am Place Victor Hugo (ca. 200 m).

nischen, historischen und künstlerischen Schätze auf, sondern auch mit vollautomatisiert führerlosen Metrolinien, einer Trambahn und mehr als 250 Fahrrad-Leihstationen von *Vélô Toulouse*. Die *toulousains* sind lebenslustig, das Ambiente ist südlich geprägt, nicht zuletzt aufgrund der ca. 60 000 Italiener, Spanier und Algerier, die im 20. Jh. hierher emigrierten.

SEHENSWERTES

LES ABATTOIRS
Die Verwandlung der monumentalen neoklassizistischen Schlachthöfe (1827) in ein Kulturzentrum für zeitgenössische Kunst ist ein architektonisches Wunderwerk. Mit vielseitigem Ausstellungsprogramm, Mediathek, Buchhandlung, Caférestaurant. *76, allées Charles-de-Fitte | www.lesabattoirs.org | Mi–So 11–19 Uhr | Eintritt 7 Euro*

CAPITOLE UND ALTSTADT
Das Rathaus hat seinen Namen aus dem „Capitoulat", das im Mittelalter den reichen Kaufleuten den Zugang zum Adel

ermöglichte. Jedoch stammt das 128 m lange Gebäude mit seinen ionischen Säulen selbst aus dem 18. Jh. Von der belebten *Place du Capitole* zweigt die mit Boutiquen gesäumte Fußgängerzone *Rue Saint-Rome* ab, die wenig später in die *Rue des Changes* übergeht. Entlang der Straßen stehen bemerkenswerte Häuserfassaden aus dem Mittelalter und der Renaissance. An der *Place Esquirol* führt rechts die *Rue de Metz* zur ✦ Pont Neuf.

BASILIQUE SAINT-SERNIN
Die Basilika am gleichnamigen Platz gehört zu den schönsten und reichsten romanischen Kirchen im Süden Frankreichs. Ihre Reliquien wurden bereits von Karl dem Großen angeschafft. Ihr achteckiger und fünfstöckiger Turm überragt die Stadt.

HÔTEL D'ASSÉZAT
Ohne Zweifel ist dieses Stadtpalais das vornehmste und prächtigste der Stadt. Erbaut nach den Plänen von Nicolas Bachelier von 1555–1557 im Renaissancestil, beherbergt es heute neben anderen die epochenübergreifende Kunstsammlung *Fondation Bemberg. Place d'Assézat | www.fondation-bemberg.fr | Di–So 10–12.30 und 13.30–18, Do bis 21 Uhr | Eintritt 5 Euro*

ESSEN & TRINKEN

AU COIN DE LA RUE
Ein typisches französisches Eckbistro; gutes Preis-Leistungs-Verhältnis. *2, rue Pargaminières | Tel. 05 61 21 99 45 | kein Ruhetag | €*

GRAND CAFÉ DE L'OPERA
Der Ort zum Sehen und Gesehenwerden in Toulouse. In der eleganten Brasserie

können Sie stilvoll sitzen und essen. *1, Place du Capitole | Tel. 05 61 21 37 03 | www.brasserieopera.com | kein Ruhetag | €€€*

INSIDER TIPP ▶ MARCHÉ VICTOR HUGO

Ein Lieblingsort Einheimischer: Sie schlendern im ersten Stock der Markthalle durch eine offene Zeile kleiner Restaurants und vergleichen die Angebote.

Maison de la Violette, einem zu einem Geschäft umgebauten Hausboot, alles rund ums Veilchen kaufen. *2, boulevard de Bonrepos | Canal du Midi*

AM ABEND

L'APERO

INSIDER TIPP ▶ Schickes Ambiente mit Terrasse; ab 19 Uhr sorgt ein DJ für passende

Die Place du Capitole bietet schöne Plätze zum Ausruhen

Es kommen überwiegend saisonale Tagesgerichte auf den Tisch, zum Beispiel hausgemachte *foie gras* oder *cassoulet*. An Markttagen Di–So nur mittags ca. 11.45–14.30 Uhr | €

EINKAUFEN

Das Veilchen ist das Emblem der Stadt. Einst importiert von einem französischen Soldaten, wurde aus der Blume später ein Exportartikel: Im 20. Jh. versandte Toulouse jedes Jahr um die 600 000 Sträuße in die Welt. In Andenken an diese wichtige Historie können Sie in der

Musik. *21, boulevard de Strasbourg | Tel. 05 61 22 87 02*

HALLE AUX GRAINS

Michel Plasson, Musikdirektor des Orchestre du Capitole bis 2003, entdeckte 1974 die phänomenale Akustik der alten Getreidehalle. *Place Dupuy | Tel. 05 61 63 13 13 | www.onct.mairie-toulouse.fr | Tickets Mo–Sa 10–13, 14–18 Uhr*

LE PURPLE

Bar und Nachtclub mit schönem Dekor und viel Elektromusik. *2, rue Castellane | Tel. 05 62 73 04 67 | www.le-purple.com*

THEATER, OPER, KINO

Toulouse verfügt über eine lebhafte Kulturszene mit 40 Kinosälen und 16 *salles de spectacles,* die zumeist von kleinen Theater-, Tanz- und Show-Truppen betrieben werden, teils als Café-Théâtre und wahre Talentoasen *(www.toulouse. fr).* Aushängeschilder sind das *Théâtre National de Toulouse (1, rue Pierre Baudis | www.tnt-cite.com)* und die Oper *Théâtre du Capitole (www.theatre-ducapitole.org).*

ÜBERNACHTEN

INSIDER TIPP ▶ **HÔTEL LES BAINS-DOUCHES**

Nagelneues Designhotel im historischen Zentrum der Stadt mit puristischen, durchgestylten Zimmern, aber ausgestattet mit allem Komfort. *22 Zi. | 4 und 4 bis, rue du Pont Guilheméry | Tel. 05 62 72 52 52 | www. hotel-bainsdouches.com | €€€*

HÔTEL BEAUSÉJOUR

Das einfache und saubere Hotel besticht mit einer familiären Ausstrahlung. *10 Zi. | 4, rue Caffarelli | Tel. 05 61 62 77 59 | €*

AUSKUNFT

OFFICE DE TOURISME

Donjon du Capitole | Tel. 05 61 11 02 22 | www.toulouse-tourisme.com

ZIELE IN DER UMGEBUNG

ALBI (179 E4) (⊞ J10)

Die rötlichen Ziegelsteine der Gebäude, das smaragdgrüne Wasser des Flusses Tarn und die begrünten Terrassen verleihen der Ortschaft (50 000 Ew.) 80 km nordöstlich von Toulouse italienisches Flair. Die schöne Geburtstadt von Henri de Toulouse-Lautrec (1864–1901) hat ih-

ren Ursprung in der Römerzeit. Ein Highlight ist die ★ *Cathédrale Sainte Cécile:* Zwei Jahrhunderte dauerte der Bau der festungsartigen größten Backsteinkirche Europas. Sehenswert im Innern sind besonders die **INSIDER TIPP** ▶ Kanzel aus 96 Figuren und das Gemälde „Das jüngste Gericht".

Vom Platz vor der Kathedrale startet ein Rundgang durch das alte Albi, der auch am Geburtshaus von Toulouse-Lautrec *(Hôtel du Bosc)* vorbeiführt. Mehr über den Maler erfahren Sie im *Musée Toulouse-Lautrec (Palais de la Berbie | www. museetoulouselautrec.net | Nov.–Feb. Mi–Mo 10–12 und 14–17, März und Okt. bis 17.30, April–Juni und Sept. tgl. bis 18, Juli/Aug. tgl. 9–18 Uhr | Eintritt 5,50 Euro),* das mehr als 1000 Werke zeigt. Günstig übernachten Sie im sehr hübschen *Hôtel Regence George V (10 Zi. | 29, avenue du*

Moissac: Der Kreuzgang der im 7. Jh. gegründeten Abtei stammt aus dem 12. Jh.

Marechal Joffre | Tel. 05 63 54 24 16 | www. laregence-georgev.fr | €).

AUCH (178 C5) (ℳ H11)

Die Verwaltungsstadt der Gascogne (25 000 Ew.), 78 km westlich von Toulouse, lädt mit ihren mittelalterlichen Gassen *les Pousterelles* zum Flanieren ein. Wichtigste Sehenswürdigkeit ist die Kathedrale *Sainte-Marie* mit wunderschönen Kirchenfenstern und dem Chorgestühl. Essen mit Blick auf die Kirche bietet das rustikale Restaurant *La Table d'Hôtes* (7, rue Lamartine | Tel. 05 62 05 55 62 | So und Mi geschl. | €–€€).

CORDES-SUR-CIEL (179 D4) (ℳ J10)

Weithin sichtbar, dominiert die mittelalterliche Stadt (1000 Ew.) das Tal von Cérou, 90 km nordöstlich von Toulouse. Ihre große Anzahl gotischer Bürgerhäuser aus dem 14. Jh. ist beeindruckend. Die schönsten sind die *Maison du Grand Fauconnier*, heute das Rathaus, und die *Maison du Grand Veneur*. Die Altstadt ist Fußgängerzone. **INSIDER TIPP** ▸ Parken können Sie umsonst beim *Parking Tuileries,* unterhalb der Stadt.

MOISSAC (179 D4) (ℳ H–J10)

Die Stadt (1300 Ew.) 70 km nördlich von Toulouse ist wegen ihrer Abtei berühmt. Sie gilt als eine der schönsten im Südwesten Frankreichs. Das Haupttor aus dem Jahr 1130 ist ein Meisterwerk der Romanik und zeigt in den Reliefs über dem Türsturz Szenen aus der Apokalypse. Ein weiterer Höhepunkt ist der Kreuzgang, dessen Leichtigkeit der Arkaden bemerkenswert ist. Eintritt über das Fremdenverkehrsamt. *Juli–Aug. 9–19, sonst 10–12 und 14–17, Sept. bis 18 Uhr | Eintritt 6 Euro*

DER SÜDOSTEN

Hohe Berge, tiefe Schluchten, ewiges Eis und brennende Hitze, schneeweiße Gipfel und azurblaues Meer – der Südosten Frankreichs vereint wie keine andere Ecke des Landes Gegensätze.

Die Regionen Rhône-Alpes, Provence-Alpes-Côte-d'Azur und Languedoc-Roussillon sind eine vom Wetter verwöhnte und von der Natur reich beschenkte Gegend mit traumhaften Landschaften. Allein 9 Mio. An der Côte d'Azur zwischen Menton und Toulon tummeln sich zahlreiche Badeorte und Spitzenrestaurants. Die Küste mit Kieselstränden im Osten und weißen Sandstränden und Inseln im Westen gilt als schickes Erholungsparadies. Idyllisch ist das Hinterland mit seinem landschaftlichen Farbenspiel aus lila-farbenen Lavendelfeldern, grünen Oli-venhainen und weiten Rosenfeldern der Parfümstadt Grasse. Im scharfen Kontrast dazu thront im Südosten der Mont-Blanc (4808 m) als höchster Berg der Alpen. Vom Berg ins Tal fließt ein bisschen weiter nördlich die Rhône, die in Lyon mit der Saône zusammentrifft und dann gen Süden fließt, vorbei an Avignon und Arles, bis sie in der Camargue ins Mittelmeer mündet. Östlich der Rhône liegt die zart-hügelige Landschaft der Provence mit den Bergdörfern des Luberon, den Städten Aix-en-Provence und Marseille und den drei heiligen Bergen der Provence: *Mont Ventoux, Mont Sainte-Victoire* und *Massif de la Sainte-Baume.* Westlich des Stroms die Ardèche, die Cevennen und die Küstenregion des Languedoc-Roussillon, die sich bis zur spanischen Grenze

Von den Alpen bis zum Mittelmeer – eine Berg- und Talfahrt durch Frankreichs beliebteste Ferienregionen

erstreckt. Wer den Südosten erkunden will, hat die Wahl zwischen römischen Tempeln in Nîmes und mittelalterlichen Festungen in Carcassonne, zwischen Jet-set in Saint-Tropez und Hightech in Nizza.

AIX-EN-PROVENCE

(181 D5) (𝄞 M–N11) ⭐ In der Kultur-hauptstadt der Provence (135 000 Ew.)

kann man es lange aushalten *(www.aixenprovencetourism.com)*.

Hier wohnt der Reichtum. Das zeigen die herausgeputzten Alleen, die reno-vierten Fassaden, die sprudelnden Brun-nen, die noblen Boutiquen und feinen Restaurants. Wären da nicht die vielen Touristen und die 300 000 Studenten, würde Aix wohl in seiner Schönheit allzu beschaulich sein. Doch so herrscht unent-wegt Trubel in der Geburtsstadt von Paul Cézanne (1839–1906). Sein *Atelier des Lauves (9, avenue Paul Cézanne | www.*

atelier-cezanne.com | tgl. Okt.–März 10–12 und 14–17, April–Juni und Sept. bis 18, Juli/Aug. 10–18 Uhr | Eintritt 5,50 Euro) mit Originalmöbeln und vielen Erinnerungsstücken ist einen Besuch wert. Ansonsten sollten Sie Aix-en-Provence eher unter freiem Himmel genießen, zum Beispiel am prachtvollen Platz *Cours Mi-*

ANNECY

(181 E2) (∅ *N8)* **Ohne den von Gebirgswasser gespeisten zweitgrößten See Frankreichs** *(www.lac-annecy.com),* **der als der sauberste gilt, wäre Annecy (50 000 Ew.) nur halb so schön.**

In Chamonix-Mont-Blanc kommen Wintersportler voll auf ihre Kosten

rabeau, auf der intimen *Place d'Albertas* oder der *Place de l'Hôtel-de-Ville.* Einen Abstecher lohnt noch die Kathedrale *Saint-Sauveur.*
Gute Restaurantadressen gibt es etliche in Aix-en-Provence. Familiäres Ambiente finden Sie bei *Lauranne et Sa Maison (15, rue Victor-Leydet | Tel. 04 42 93 02 03 | So/Mo geschl. | €€).* Günstig und romantisch übernachten Sie ein bisschen außerhalb des Zentrums im *Hôtel Le Prieuré (22 Zi. | 458, route de Sisteron | Tel. 04 42 21 05 23 | www.hotel.leprieure. free.fr | €–€€).*

Wenn Sie über die Schweiz einreisen, eignet sich Annecy als Zwischenstopp für Touren in die Alpen, wobei der See den Wassersportlern und die von Kanälen durchzogene Altstadt Abwechslung bieten. Annecy bewarb sich vergeblich um die Ausrichtung der Winterolympiade 2018. Zentral und nicht weit vom See wohnen Sie im *Hôtel du Nord (30 Zi. | 24, rue Sommeiller | Tel. 04 50 45 08 78 | www.annecy-hotel-du-nord.com | €€).* Sehr exklusiv speisen Sie in der ● *Nouvelle Maison de Marc Veyrat* in Veyrier du Lac (6 km an der östlichen Seeseite).

Yoann Conte übernahm das Credo des Starkochs einer „alltäglichen Küche der einfachen Genüsse" *(13, vielle route des pensières | Tel. 04 50 09 09 49 | www.marcveyrat.fr, www.yoann-conte.com | Mi–So mittag | €€€)*

ZIELE IN DER UMGEBUNG

CHAMONIX-MONT-BLANC

(181 E2) (⌂ O8)

Der renommierte Skiort (9500 Ew.), 96 km östlich von Annecy kann auf eine lange Skitradition bis ins 18. Jh. zurückblicken. Hier fanden unter anderem 1924 die olympischen Winterspiele statt. Im Gegensatz zu anderen, recht hässlichen französischen Skiorten aus Beton hat sich Chamonix den Charme eines Alpendorfs bewahrt. Die Lage ist spektakulär: Das Tal ist umgrenzt von hoch aufragenden Gebirgszügen; im Süden thront der mit 4807 m höchste Berg Europas, der ★ *Mont Blanc*, im Norden der Naturpark der *Aiguilles-Rouges.* Rund 125 km² Gletscher gibt es rund um Chamonix, die Pisten sind anspruchsvoll und ein Eldorado für Freestyler. Wanderer erfreuen sich im Sommer an den Zielen *Mer de Glace*, einem 7 km langen Eisstrom, und ☼ *Aiguilles du Midi*, von deren Spitze auf 3842 m Höhe das Panorama bis zum Matterhorn reicht. Bezahlbare Zimmer mit Blick auf den Mont Blanc hat das *Hôtel les Crêtes Blanches (30 Zi. | 16, impasse du Génépy | Tel. 04 50 53 05 62 | www.cretes-blanches.com | €€)*.

ARDÈCHE

(180 C4) (⌂ L9) **Der Fluss, der im Zentralmassiv entspringt, gibt dem Departement seinen Namen und sein Aussehen.** Tief hat sich der Lauf in das Karstgestein gefressen. Sehenswert ist am Oberlauf *Le Pont du Diable* (die Teufelsbrücke) bei ☼ Thueyts. Im Mittellauf zwischen *Aubenas* und *Ruoms* fließt der Fluss durch ein relativ breites Tal, das sich auch für Wanderungen eignet. Die berühmte Schlucht INSIDER TIPP *Gorges de l'Ardéche*

kommt später. Sie liegt zwischen den Orten *Vallon-Pont-d'Arc* (mit der sagenhaften natürlichen Brücke) und *Saint-Martin-d'Ardèche* und ist ein Paradies für Kajak- und Kanufahrer. Einfache Übernachtungsmöglichkeiten mit Schwimmbad finden Sie zum Beispiel im *Vallon-Pont-d'Arc* im *Hôtel Clos des Bruyères (32 Zi. | Route des Gorges | Tel. 04 75 37 18 85 | www.closdebruyeres.fr | €€).*

ARLES

(180 C5) (*M10–11*) **Über der Stadt (55 000 Ew.) links der Rhône herrscht immer blauer Himmel, so heißt es.**
Arles, das ist Licht, Kunst und Rom, Cäsar adelte die von den Griechen kolonisierte Stadt als petite Rome des Gaules. In dem fast 2000 Jahre alten Amphitheater finden noch Stierkämpfe und genau wie in den Arènes von Nîmes und Orange Konzerte statt *(Mai–Sept. 9–19, Okt. und* März/April bis 18, Nov.–Feb. 10–17 Uhr | Eintritt 6 Euro | www.arenes.arles.com).* Neben weiteren Resten aus der Antike – Kryptoportikus, Thermen, Antikes Theater, *Musée de l'Arles antique* – sieht man zahlreiche spätmittelalterliche Architekturdenkmäler (z. B. die *Cathédrale Saint-Trophime,* 11./12. Jh.) und Stadtvillen aus dem 16., 17. und 18. Jh. Leider besitzt Arles kein einziges der 300 von Vincent van Gogh hier 1888/89 gemalten und gezeichneten Werke. Viele seiner Motive entdeckt man noch auf einem ausgewiesenen Rundgang *(Broschüre dazu im Office de Tourisme, www.tourisme. ville-arles.com).* Picasso schenkte Arles 57 Zeichnungen und zwei Gemälde, zu sehen im Kunstmuseum *Réattu (10, rue du Grand Prieuré | Di–So Juli–Sept. 10–19, Okt.–Juni 10–12.30 und 14–18.30 Uhr | Eintritt 7 Euro | www.museereattu.arles. fr).* Das Fotofestival *Rencontres* verwandelt Arles in eine Openair-Ausstellung *(Juli–Sept. | Informationen bekommen*

Das römische Amphitheater ist das größte antike Gebäude in Arles

Sie unter *www.rencontres-arles.com).* Zentral gelegen und komfortabel ist das *Hôtel de Aphithéatre (28 Zi. | 5/7, rue Diderot | Tel. 04 90 96 10 30 | www. hotelamphitheatre.fr | €€–€€€).*

ZIELE IN DER UMGEBUNG

ALPILLES  (181 D5) *(⊠ M10)*

Die „kleinen Alpen" 10 km nordöstlich von Arles gehören neben Luberon und Camargue zu den Sehnsuchtsbildern, die mit der Provence assoziiert werden: Weinberge, weiße Felsen, Olivenhaine, schattige Dorfplätze, singende Zikaden an griechisch-römischen Ausgrabungsstätten, flirrende Hitze, Duft nach Kräutern. Hauptanziehungspunkt ist das auf einem Felsplateau gelegene Dorf mit mittelalterlicher Burgruine *Les-Baux-de-Provence,* von dem aus man einen Panoramablick auf die Camargue hat *(20 km von Arles | www.lesbauxdeprovence. com).* 10 km weiter nördlich liegt das

(nur von September bis Mai) beschauliche Städtchen *Saint-Rémy-de-Provence.* Im Kloster *Saint-Paul-de-Mausole,* heute noch psychiatrisches Sanatorium, mit herrlichem Klostergarten *(tgl. April–Okt. 9.30–19, Nov.–März 10.15–16.45 Uhr)* können Sie die Originalzelle van Goghs und den alten Therapieraum besichtigen. Das *Musée Estrine (8, rue Estrine | Di–So 10.30–12.30 und 14–18, Mai–Sept. bis 19 Uhr, Dez.–Mi. Feb. geschl. | Eintritt 3,20 Euro)* und ein Bilderpfad im Ort erinnern auch an den nervenkranken, bettelarmen berühmten Maler.

CAMARGUE
(180–181 C-D5) *(⊠ L–M11)*

Der Nationalpark wird im Norden von Arles, im Süden vom Mittelmeer und im Osten und Westen von Flussarmen der Rhône begrenzt. Auf 750 km² Weideland, Sanddünen und Moor leben die berühmten weißen Wildpferde, rosa Flamingos und schwarzen Stiere. Eine wirtschaftliche Nutzung des Parks ist nur zum Reisanbau und als Weideland erlaubt. Diese strengen Schutzmaßnahmen machen die Gegend so wildromantisch, dass sie jedes Jahr viele Touristen anzieht. Um die Camargue vor menschlichen Eingriffen zu schützen, ist Fotografieren nur von der Straße aus gestattet. Querfeldeintouren sind verboten *(www.parc-camargue.fr).*

AVIGNON

(181 D5) *(⊠ M10)* ⭐ **Sur le pont d'Avignon, on y danse... Die im Volkslied besungene Brücke Pont Saint-Bénézet (12. Jh.) ist die kurioseste Sehenswürdigkeit von Avignon.**
Sie wurde im 17. Jh. von der Rhône halb weggeschwemmt, seitdem endet sie in der Flussmitte *(Eintritt 4,50 Euro).* In Avignon (86 000 Ew.) scheint an 300

AVIGNON

Tagen im Jahr die Sonne, eine Einladung zu Fröhlichkeit und Tanzvergnügen. Hier ist alles groß: der gigantische Papstpalast, die 4,3 km lange Stadtmauer, die Widerstandskraft der einstigen Gegen-

errichtet. Sehenswert sind der Ehrenhof, der Audienzsaal, die wenigen erhaltenen Fresken; am meisten zählt der gigantomanische Gesamteindruck: riesige Säle, mehrere Kapellen, festungsartige

Noch kein Turmbau zu Babel, aber größtes gotisches Bauwerk: Palais des Papes

päpste, die kostenlosen Parkplätze am Stadtrand und das Theaterfestival.

SEHENSWERTES

PALAIS DES PAPES

Von 1309 bis 1377 war nicht Rom, sondern Avignon Sitz von sieben Päpsten und fünf Gegenpäpsten. Dieser als babylonische Gefangenschaft in die Geschichte eingegangenen Epoche verdankt die Stadt den mächtigen Palast direkt am Flussufer, der vor allem von Benedikt XII. *(Palais Vieux)* und Klemens VI. *(Palais Neuf)* gebaut wurde. Der Palast gilt als größtes gotisches Bauwerk der Welt und wurde in Rekordtempo

Architektur. *6, rue Pente Rapide | www. palais-des-papes.com | tgl. ab 9, Nov.–Feb. ab 9.30 Uhr, Schließung saisonbedingt zw. 17.45 und 21 Uhr | Eintritt Sommer 10,50, Winter 8,50 Euro*

ESSEN & TRINKEN

D'ICI D'AILLEURS

Freundlich-helles Restaurant mit regionaler Küche. *4, rue Galante | Tel. 04 90 14 63 65 | So geschl. | €*

AM ABEND

Wo Tanzen gehen in Avignon? Auf oder unter der Brücke? Oder doch besser im *Le Red Zone*, einem Nachtclub mit musikalischen Themenabenden? *25, rue Carnot | Tel. 04 90 27 02 44 | www. redzonebar.com | 21–3 Uhr*

HÔTEL LE SPLENDID
In einer ruhigen Fußgängerzone gelegenes, sehr geschmackvoll eingerichtetes Haus mit einem guten Preis-Leistungs-Verhältnis. *21 Zi. | 17, rue Agricol-Perdiguier | Tel. 04 90 86 14 46 | www.avignon-splendid-hotel.com | €*

AUSKUNFT

OFFICE DE TOURISME
41, cours Jean Jaurès | Tel. 04 32 74 32 74 | www.ot-avignon.fr

ZIELE IN DER UMGEBUNG

LE LUBERON (181 D4–5) (⟁ M–N10)
Wer an die Provence denkt, dem steigen Kräuterdüfte der *Herbes de Provence* in die Nase und Bilder aus dem Naturpark Luberon vors innere Auge: blaue ● Lavendelfelder, in Fels gehauene Dörfer, geschichtete Steinhäuser und Mäuerchen, liebliche Hügellandschaften, Hochebenen mit Weitsicht, Schluchten und kurvenreiche, schmale Landstraßen. Doch die meisten Häuschen der *Villages Perchés* sind schon vergeben und luxussaniert. So bleibt vielen nur noch der Besuch als Tourist zum Beispiel in den Orten *Bonnieux, Saignon, Lourmarin, Ménérbes* oder *Gordes*. Idyllisch wohnen können Sie in Gordes im Hotel *Le Gordos (19 Zi. | route de Cavaillon | Tel. 04 90 72 00 75 | www.hotel-le-gordos.com | €€€)*. In *Carpentras* (26 km nordöstlich) findet freitags einer der größten Wochenmärkte der Provence mit etwa 350 Anbietern statt.

ORANGE (181 D4) (⟁ M10)
32 km nördlich von Avignon liegt Orange (30000 Ew.), bedeutende Stätte römischer Bauten in Südfrankreich. Versuchen Sie im Sommer, im unter Augustus (1. Jh.) erbauten römischen Theater an einer Opernaufführung teilzunehmen, ein unvergessliches Erlebnis. Es ist das besterhaltene Amphitheater Europas *(Programm unter www.theatre-antique. com | tgl. Juni–Aug. 9–19, April, Mai, Sept. bis 18, sonst 9.30–16.30, März–Okt. 17.30 Uhr)*. Der römische Bogen an der Nordseite der Stadt diente als Tor zur *Via Agrippa*, die früher Lyon mit Arles verband. Im Herzen der Altstadt liegt das ruhige *Hôtel Saint-Jean* mit Frühstücksterrasse *(20 Zi. | 1, cours Pourtoule | Tel. 04 90 51 15 16 | www.hotelsaint-jean.com | €€)*.

LOW BUDG€T

▶ Lyon: Die City Card ermöglicht freien Eintritt in Museen, kostenlose Fahrt in den öffentlichen Verkehrsmitteln und zahlreiche andere Ermäßigungen. Vorbestellung wird empfohlen unter *www.de.lyon-france. com,* die Karte bekommen Sie dann im Fremdenverkehrsamt.

▶ Provence: Günstiger als Einzelkarten für die römischen Sehenswürdigkeiten ist ein Kombiticket für *Orange* (Antiktheater), *Nîmes* (römische Stätten) und das *Château des Beaux de Provence* für 19 Euro. Weitere Infos unter *www.theatre-antique.com*

▶ Fréjus: Die Innenstadt ist weitgehend für Autos gesperrt. Umsonst parken können Sie am *Parking du Clos de la Tour.*

CANNES

(181 F5) *(📖 O11)* **Wer die Côte d'Azur verstehen will, muss in Cannes (70 000 Ew.) Halt machen.**

Hier werden alle Klischees lebendig, die man von der Mittelmeerküste haben mag. Das Meer glitzert blau, die Palmen wiegen sich im Wind, die Autos sind schick und teuer, die Frauen schön und reich, die Hotels prächtige Belle-Époque-ten Spitze geht, entdeckt das Kreuz, das der Straße ihren Namen gab.

TOUR DU SUQUET ⚜

Von dem auf einer Anhöhe erbauten ehemaligen Wachturm und seiner Terrasse haben Sie einen traumhaften Blick über die Stadt und auf das Mittelmeer.

VIEUX PORT

Wenige Fischerboote und viele Yachten, ein charmantes Ufer mit Pastellfassaden

Prachtstraße am Meer: Die Croisette mit dem Hotel Carlton

Paläste. Das einstige Fischerdorf, das zur City der Stars avancierte, bietet großes Theater, und das nicht nur zur Filmfestspielzeit.

und Handabdrücken von Stars im Boden der *Esplanade Pompidou*, in der Nähe des Filmpalasts: ein Spaziergang mit viel Abwechslung.

SEHENSWERTES

CROISETTE

Die Prachtstraße mit dem Meer und Strand auf der einen und den Palästen auf der anderen Seite ist die Flaniermeile schlechthin. Über den Köpfen die Palmen, unten an der Straße die städtischen Blumenarrangements. Wer bis zur äußers-

ESSEN & TRINKEN

INSIDER TIPP ▶ KIOUSK

Wenn Sie sich das schickste Hotel am Platz, das *3,14*, nicht leisten mögen, können Sie zumindest auf einen Mittagssnack im Imbissableger des noblen Hauses einkehren. Das *Kiousk* ist ultramodern eingerichtet und ein bekanntes und sehr beliebtes Szenelokal. *3, rue Einesy | Tel. 04 93 39 52 94 | tgl. 8–20 Uhr | €€*

EINKAUFEN

Die *Rue Antibes* ist *die* Einkaufsstraße in Cannes, überdies eine, wo Sie noch bezahlbare Sachen finden. Die teurere Labels finden Sie besonders auf der *Croisette*.

AM ABEND

CASINO PALM BEACH

Die Bar des Kasinos hat Kultstatus: Hier wurde in den 1930er-Jahren der Mythos Côte d'Azur begründet, und die Hipster tanzen noch heute ab. Am gleichnamigen Strand am Ende der Croisette können Sie sich wie in den Tropen fühlen. *Place Franklin Roosevelt | www.lepalmbeach.com*

ÜBERNACHTEN

HÔTEL CÉZANNE

Das Hotel bietet schick designte Zimmer und hat einen Privatstrand. *28 Zi. | 40, boulevard d'Alsace | Tel. 04 92 59 41 00 | www.hotel-cezanne.com | €€€*

AUSKUNFT

BUREAU PALAIS DES FESTIVAL

La Croisette | Tel. 04 92 99 84 22 | www.cannes.com

ZIELE IN DER UMGEBUNG

ANTIBES (181 F5) (*ℳ O10*)

Das 13 km östlich gelegene Seebad ist noch elitärer als Cannes. Zusammen mit dem Nachbarort Saint-Juan-les-Pins vereint es auch mehr Einwohner: 70 000. Die Stadt ist schön, hat einen berühmten Yachthafen, eine alte Stadtmauer

und phänomenale Villen, die sich auf der vorgelagerten Halbinsel befinden. Dort steht auch das Kulthotel *Eden Roc*, eines der teuersten Hotels der Welt, das als Vorbild für F. Scott Fitzgeralds Roman „Tender is the Night" diente. Um die 80 Gemälde und Zeichnungen von Picasso hängen im *Musée Picasso* im *Château Grimaldi (tgl. Mitte Juni–Mitte Sept. 10–18, sonst 10–12 und 14–18 Uhr | Eintritt 6 Euro | www.antibes-juanlespins.com).*

GRASSE (181 E-F5) (*ℳ O10*)

Die berühmte Parfümstadt (45 000 Ew.) 21 km nordwestlich von Cannes ist ein duftendes Erlebnis, das seine Besucher mit einem Farbenrausch zur Blütezeit in Bann zieht. Nirgendwo anders als hier sollte man ein Parfümmuseum besuchen! Das *Musée International de la Parfumerie* erklärt alles rund um die verlockenden Düfte. *8, Place du Cours | www.museesdegrasse.com | Juni–Sept. tgl. 10–19, Do bis 21, sonst Mi–Mo 11–18 Uhr | Eintritt 3 Euro*

INSIDER TIPP▶ MUSÉE BONNARD

(181 F5) (*ℳ O11*)

Das erste ganz dem Werk von Pierre Bonnard (1867–1947) gewidmete Museum steht in Le Cannet (44 000 Ew.), 3,5 km nördlich von Cannes. Der Maler lebte hier 22 Jahre lang. *16, boulevard Sadi Carnot | www.museebonnard.fr | Di–So April–Okt. 10–20, Do bis 21, Nov.–März bis 18 Uhr | Eintritt 7 Euro*

CARCAS-SONNE

(180 A6) (*ℳ K11*) ★ **Die ruhige Stadt (45 000 Ew.) über dem Tal der Aude ist wegen ihrer strategisch günstigen Lage zwischen Atlantik und Mittelmeer**

CARCASSONNE

Über die Aude gelangt man von der Unterstadt in die Cité von Carcassonne

sowie Zentralmassiv und Spanien schon immer ein wichtiger und umkämpfter Verkehrsknotenpunkt Südfrankreichs gewesen.

Man mutmaßt, dass sie bereits im 6. Jh. v. Chr. besiedelt war, doch ihre Blütezeit hatte die Stadt im Mittelalter.

Carcassonne besteht aus zwei Teilen: Die mittelalterliche Stadt *Cité*, eine der am vollständigsten erhaltenen Festungsstädte Europas, liegt auf einem Gebirgsplateau am rechten Ufer der Aude, die Neustadt *Bastide Saint-Louis* am linken. Die Burganlage wurde im 12. Jh. erbaut und im 13. Jh. befestigt. Im 17. Jh. verlor Carcassonne seine strategische Bedeutung, heute ist die Stadt von der Unesco als Weltkulturerbe anerkannt und lebt vor allem von den zahlreich strömenden Touristen. Der Eingang zur Cité ist an der *Porte Narbonnaise*, von dort beginnt eine Rundtour durch die Anlage. Sehenswert sind besonders die Burg *Château Comtal* und die Stadtmauer *(April–Sept. 9.30–18.30, Okt.–März 9.30–17 Uhr | Eintritt 8 Euro)*. Die Basilika *Saint-Nazaire-et-Saint-Celse* ist die romanisch-gotische

Perle der Altstadt *(tgl. Sommer 9–12 und 14–19, Winter bis 17 Uhr)*. Übernachtungsempfehlung: Etwa 3 km von der Altstadt entfernt liegt das in einem Neubau geschmackvoll eingerichtete Gästehaus *Hostellerie Saint-Martin (Hameau de Montredon | 15 Zi. | Tel. 04 68 47 44 41 | www.chateausaintmartin.net | €€–€€€)*.

ZIEL IN DER UMGEBUNG

NARBONNE (180 B6) (*ⅢU K11*)

Seine Bedeutung hat Narbonne (50 000 Ew.), 60 km östlich von Carcassonne, den Römern zu verdanken. Sie schufen aus der Durchgangsstation eine schicke Hafenstadt. Seitdem ist allerdings viel passiert: Das Meer zog sich weit zurück, ein Kanal verbindet heute Narbonne mit der Küste und dem *Canal du Midi*. Baden kann man nur noch in *Narbonne-Plage*, rund 12 km von der Stadt entfernt. Auch von der einstigen Blütezeit ist nichts mehr übrig geblieben. Zu sehen gibt es heute in der sympathischen Mittelmeerstadt neben der Kathedrale *Saintt-Just-et-Saint-Pasteur* den *Erzbischöflichen Palast*

(Place de l'Hôtel de Ville | April–Sept. tgl. 9.30–12.15 und 14–18, Okt–März Di–So 10–12 und 14–17 Uhr | Eintritt 5,20 Euro). Typisch französisch essen können Sie im Bistro *L'Auberge des Jacobins (8, Place des Jacobins | Tel. 04 68 32 27 43 | Mo geschl. | €€).*

CEVENNEN

(180 C4) *(⊞ L10)* **Die Gebirgsregion, berühmt für ihre Flora und Fauna, bildet den südöstlichen Ausläufer des Zentralmassivs und zieht sich über vier Departements.**

Der *Mont Aigoual* ist mit 1567 m der zweithöchste Gipfel, sein umliegendes Massiv gilt als eine wichtige Wetterscheide zwischen Atlantik und Mittelmeer. Der höchste Berg der Cevennen jedoch ist der *Mont Lozère* (1702 m). Sein Granitmassiv zwischen den Orten *Florac, Mende, Génolhac* und *Villefort* gehört zum Nationalpark, in dem es jede Menge Wanderwege über trockene Hoch-plateaus und tiefe Schluchten gibt. Zentrum und

Ausgangspunkt für Wanderungen ist die kleine Talstadt *Florac* (2100 Ew.). Dort befindet sich die *Maison du Parc (Château de Florac | Tel. 04 66 49 53 01 | www. cevennes-parcnational.fr).* Von hier aus können Sie zum Beispiel mit dem Auto, zu Fuß oder mit dem Kajak eine Tour durch die beeindruckende ★ *Gorges du Tarn* machen.

Für die spektakuläre Canyontour entlang der tiefen Schlucht, die sich der Fluss Tarn gegraben hat, gibt es verschieden lange Wege. Ein weiterer berühmter, mehrtägiger Wanderweg ist der **INSIDER TIPP** *Chemin Stevenson* (GR 70), auf dem Sie den Spuren des schottischen Schriftstellers Robert Louis Stevenson folgen *(www.chemin-stevenson.org).* Die 252 km lange Tour beginnt in *Le Monastier* und endet in den südlichen Ausläufern der Cevennen, in *Saint-Jean-du-Gard.* Der Schriftsteller legte die Strecke 1878 auf einem Esel innerhalb von zwölf Tagen zurück. Relativ moderne Übernachtungsmöglichkeiten in Florac bietet das *Hôtel Gorges du Tarn (27 Zi. | 48, rue du Pêcher | Tel. 04 66 45 00 63 | www.hotel-gorgesdutarn.com | €–€€).*

GRENOBLE

(181 D3) *(⊞ N9)* **Auf den ersten Blick wirkt die Departement-Hauptstadt (400 000 Ew.) von Isère nur wenig überzeugend.**

Wäre da nicht das unbeschreibliche Gebirgspanorama, würde man angesichts der vielen Bausünden aus den 1970er-Jahren am Stadtrand gleich wieder kehrtmachen. Doch in der Innenstadt stimmen eine hübsche Uferpromenade und eine pittoreske Altstadt mit Gassen, zahlreichen Restaurants und Bars versöhnlich. Die Stadt ist dank einer wichtigen Universität und des Industriezentrums Europole sehr lebendig und international orientiert. In der Innenstadt lohnen vor allem das Familienhaus von Stendhal *(20, Grand Rue)* und das *Musée de Grenoble* mit einer stattlichen Gemäldesammlung einen Besuch *(5, Place de Lavalette | www.museedegrenoble.fr | Mi–Mo 10–18.30 Uhr | Eintritt 5 Euro)*. Tolle Wechselausstellungen bietet das INSIDER TIPP ▶ *Magasin*, ein Zentrum für zeitgenössische Kunst. *(155, cours Berriat | www.magasin-cnac.org)*. Nicht verpassen sollten Sie eine Fahrt mit der Schwebebahn *Les Bulles* hoch zur ⚜ *Bastille (www.bastille-grenoble.com)* wegen des Panoramablicks über Stadt und Berge. Eine günstige, saubere Unterkunft bietet das *Hôtel des Patinoires (35 Zi. | 12, rue Marie Chamoux | Tel. 04 76 44 43 65 | www.hotel-patinoire.com | €)*.

ZIEL IN DER UMGEBUNG

COURCHEVEL (181 E3) (*N8*)

Der berühmte Skiort (1800 Ew.), 130 km nordöstlich von Grenoble, ist das schickste Dorf im Trois-Vallées-Tal. Im Sommer ist der Ort eine ideale Basisstation für Wanderungen, im Winter kehrt in die Hotels, Bars und Nachtclubs Leben ein. Eine noch bezahlbare und schöne Unterkunft ist das *Hôtel les Tovets (27 Zi. | Rue du Rocher | Tel. 04 79 08 03 33 | www.courchevel-hoteltovets.com | €€€)*.

LYON

(181 D2) (*M8*) ⭐ **Die drittgrößte Stadt des Landes (450 000 Ew.) am Zusammenfluss von Saône und Rhône ist eine reiche Stadt.**

Biochemie- und Hightechfirmen haben die alte Druck- und Seidenindustrie abgelöst und machen Lyon heute zu einem florierenden wirtschaftlichen Zentrum.

CITY ▶ **WOHIN ZUERST?**
Die beste Übersicht über Lyon gewinnen Sie von dem die Stadt überragenden Aussichtssymbol Basilique Notre-Dame de Fourvière (17. Jh.) auf dem gleichnamigen Berg aus. Der Aufstieg lohnt sich, schneller geht es mit den ratternden Funiculaires (Zahnradbahn), die neben der Metro-Haltestelle Vieux-Lyon starten.

Seit ein paar Jahren ist die Stadt dabei, auch kulturell aufzuholen. Eine Kunst- und Ballett-Biennale wurde ins Leben gerufen, und auf der Fläche alter Docks entsteht einer der architektonisch wagemutigsten Museumsneubauten Frankreichs, das *Musée de Confluences*, das 2015 eröffnet werden soll.

SEHENSWERTES

ALTSTADT

Vieux Lyon ist der bekannteste Sightseeing-Spot in der Stadt. Die hübsche Altstadt auf der linken Seite der Saône ist ein Amüsier- und Flanierviertel zwischen alten Fachwerkhäusern, engen, gepflasterten Gassen und schönen Höfen aus der Renaissance. Die wichtigste Straße ist die *Rue Saint-Jean* mit der gleichnamigen Kathedrale. Den schönsten Blick haben Sie von der ⚜ *Basilique Notre-Dame de Fourvière*.

INSIDER TIPP ▶ CROIX-ROUSSE

In diesem Viertel entdecken Sie besonders viele der für Lyons Altstadt typischen ● *traboules* – schmale Passagen und Gänge, teils labyrinthartig miteinander verbundene Hausflure, Höfe und Treppenhäuser. Seinen Namen bekam der Hügel wegen eines roten Steinkreuzes, das vor der Revolution hier eine Wegkreuzung markierte. Heute steht das steil aufsteigende Viertel, einst Zentrum der Seidenindustrie, unter dem Schutz der Unesco.

MUSÉE DES BEAUX-ARTS

Das Museum zeigt eine der reichsten Gemäldesammlungen Frankreichs mit Werken von Paolo Veronese, Peter Paul Rubens, Claude Monet, Pablo Picasso und Henri Matisse. *20, Place des Terreaux | www.mba-lyon.fr | Mi–Mo 10–18, Fr ab 10.30 Uhr | Eintritt 6 Euro*

PRESQU'ÎLE

Die Halbinsel zwischen Saône und Rhône ist gepflastert mit Plätzen. Zwei der schönsten sind die große, rechteckige *Place Bellecour* und die *Place des Terreaux* am Rathaus. Ansonsten ist die Halbinsel ein Ausgeh- und Einkaufsparadies *(Rue du Président Édouard Herriot).*

ESSEN & TRINKEN

INSIDER TIPP ▶ LE CAFÉ DES FÉDÉRATIONS

In Lyon muss man einfach einmal in einem typischen *bouchon* gegessen haben. Dies ist einer der bekanntesten. *20, rue du Major-Martin | Tel. 04 78 28 26 00 | www.lesfedeslyon.com | So geschl. | €–€€*

INSIDER TIPP ▶ ETS NARDONNE

Dieser Eisladen hat die größte Auswahl der Stadt, u. a. Tomaten-Basilikum- und Brioche-Eis, aber auch Eis mit Guinessgeschmack. *9, Place Tobie Robatel*

LE NORD ●

Sylvain Jacquenod führt die Bocuse-Brasserie im Sinn des Kochs der Nouvelle Cuisine. Vor den langen roten Kunstlederbänken werden die Köstlichkeiten des Hauses serviert – durchaus zu humanen Preisen.

18, rue Neuve | Tel. 04 72 10 69 69 | www.nordsudbrasseries.com | €€€

AM ABEND

Q BOAT

Kultclub auf einem Boot auf der Rhône und viel Elektromusik *17, quai Augagneur | So geschl.*

Lyon: schmale Gasse in der Altstadt

ÜBERNACHTEN

HÔTEL DES SAVOIES

Zentral gelegenes Hotel mit großzügigen Zimmern, die teilweise renoviert wurden. *46 Zi. | 80, rue de la Charité | Tel. 04 78 37 66 94 | www.hotel-des-savoies.fr | €€*

AUSKUNFT

OFFICE DU TOURISME ET DES CONGRÈS
Place Bellecour | Tel. 04 72 77 69 69 | www.lyon-france.com

MARSEILLE

(181 D5–6) (*M11*) **Die Hauptstadt der Provence (800 000 Ew.) ist die älteste Stadt Frankreichs.**
Gegründet wurde sie vor über 2600 Jahren von den Phöniziern. Wegen ihrer strategischen Lage am Mittelmeer war sie schon immer ein Auffangbecken für Immigranten. Ihre multikulturelle Bevölkerung und die damit verbundenen Konflikte bestimmten lange Zeit den (schlechten) Ruf. Doch inzwischen erlebt Frankreichs zweitgrößte Stadt ein Revival, auch dank des europäischen Wirtschaftsprojekts *Euroméditeranée*, das Arbeitsplätze schafft und Geld in die Stadt pumpt. Die heruntergekommenen Straßenzüge werden renoviert, die Altstadt hat sich zu einem Shoppingparadies verwandelt. Das neueste Großprojekt ist das *Musée des Civilisations de*

CITY WOHIN ZUERST?
Begeben Sie sich gleich ins Zentrum des Geschehens, zum alten Hafen **Vieux Port**. In den Straßen und auf den Plätzen rund um das Bassin mit eng aneinander liegenden Yachten ist Tag und Nacht Betrieb. Parken können Sie am Parking Estienne d'Orves vieux port (Quai Rive Neuve). Die nächste Metrostation ist Vieux-Port Hôtel de Ville.

l'Europe et de la Méditeranée (kurz Mucem), das 2011 eröffnet werden soll und auf einer künstlich geschaffenen Fläche im Meer liegen wird. 2013 ist Marseille europäische Kulturhauptstadt *(www.marseille-provence2013.fr)*.

SEHENSWERTES

NOTRE-DAME-DE-LA-GARDE ☼
Die Basilika hoch über Marseille ist überall in der Stadt zu sehen. Ihr Turm mit der goldenen Madonna gilt als das Wahrzeichen. Die Kirche selbst hat ihren

DUFTENDE FELDER

In den Lavendelanbaugebieten blüht es zwischen Juni und August: violette Felder bis zum Horizont. Fünf große Zentren des Anbaus gibt es: *Drôme Provençale, Pays de Sault Mont Ventoux,* ⭐ *Plateau de Valensole, Pays de Buëch* und *Pays de Forcalquier Montagne de Lure.* Was Sie sehen, ist oft kein Lavendel, sondern Lavandin, eine Kreuzung zwischen Aspic, wildem Lavendel, und echtem Lavendel. Die Hybride riecht

intensiver und ist geeignet für die pharmazeutische und kosmetische Weiterverwertung. Der echte Lavendel dagegen ist öliger und weicher im Geruch. Er wird vor allem in der Parfümindustrie benutzt. Rund 70 Prozent der Weltproduktion für Lavendelöl und 90 Prozent für Lavandinöl stammen aus den vier Departements Alpes-de-Haute-Provence, Drôme, Haute-Alpes und Vaucluse.

Glanz nach sechs Jahren Restaurierung des Deckenmosaiks wiedergefunden. Noch schöner als das Mosaik ist der Blick über Meer und Stadt, vor allem bei INSIDER TIPP Sonnenuntergang.

VALLON DES AUFFES
Dieser Minihafen ist so reizend, dass man die Großstadt vergisst. Die nahe

INSIDER TIPP **LA TRILOGIE DES CÉPAGES**
Das elegante Restaurant besticht mit einer exzellenten Weinkarte und seiner innovativen Küche. *35, rue de la Paix Marcel Paul | Tel. 04 91 33 96 03 | So geschl. | €€–€€€*

Die Basilika Notre-Dame de la Garde ist auch vom Marseiller Hafen aus gut zu sehen

Uferpromenade *Corniche-du-Président-John-F.-Kennedy* erlaubt Traumblicke über das Meer.

VIEUX PORT
Der alte ● Hafen, ein mit Yachten voll gestopftes Bassin, ist das unbestrittene Zentrum der Stadt. Hier trifft man sich zu allen Tageszeiten: morgens zum legendären Fischmarkt *(Quai des Belges, tgl. 8–13 Uhr)* und abends auf einen Pastis. Auf der Südseite drängeln sich Bars und Restaurants entlang des dahinter zum *Palais du Pharo*, einem Kongresszentrum, aufsteigenden Felsens.

AM ABEND
BAR DE LA MARINE
Das Lokal ist eine Institution am Hafen: Hier trinkt man seinen Pastis und genießt den Sundowner ebenso wie den Sonnenuntergang. *15, quai de Rive-neuve | kein Ruhetag*

ÜBERNACHTEN
HÔTEL HERMÈS ☼
Kleines Hotel mit einem phänomenalen Blick über den alten Hafen und sehr modernen Zimmern. *28 Zi. | rue*

Bonneterie | Tel. 04 96 11 63 63 | www.
hotelmarseille.com | €€

AUSKUNFT

**OFFICE DU TOURISME ET
DES CONGRÈS**
*4, la Canebière | Tel. 04 91 13 89 00 | www.
marseilletourisme.com*

CALANQUES ⭐ (181 D5–6) (⊞ M–N11)
Die schneeweiße Kalksteininformation
von 28 km Länge zwischen Marseille
und der Nachbargemeinde Cassis ist
ein eindrucksvolles Naturschaupiel. Ihre
schroffen Felsenbuchten sind einzigartig
auf der Welt und seit 1973 geschützt.
Der Wanderweg Grande Randonnée 98
führt an den malerischen Buchten ent-

Am besten mit dem Boot zu erreichen: die Buchten der Calanques

ZIELE IN DER UMGEBUNG

BANDOL/SANARY-SUR-MER
(181 D6) (⊞ N11)
Die rund 55 km südöstlich von Marseille gelegenen Badeorte Bandol und
Sanary-sur-Mer locken beide mit schönen Strände und erlauben echtes Mit-
telmeerbadefeeling. In Sanary-sur-Mer
fanden zu Beginn des nationalsozialis-
tischen Hitler-Regimes viele verfolgte
deutsche Intellektuelle ein Exil. Ein
Rundweg, der mit Informationstafeln
bestückt ist, ermöglicht die Spuren-
suche.

lang. Autos sind im Sommer verboten.
Per Boot erreichen Sie die Calanques
vom alten Hafen in Marseille aus, zum
Beispiel mit *ICARD Maritime (Quai
des Belges | Tel. 04 91 33 03 29 | www.
visite-des-calanques.com | ab 25 Euro
pro Pers.).*

INSIDER TIPP **CORNICHE DES CRÊTES**
(181 D6) (⊞ N11)
Die Panoramastraße zwischen Cassis und
La Ciotat ist atemberaubend und eine
Herausforderung für Radler. Einen der
schönsten Blicke haben Sie am 🌼 *Cap
Canaille.*

MONTPELLIER

(180 C5) (*L11*) **Die wichtige Universitätsstadt (290 000 Ew.) und Hauptstadt der Region Languedoc-Roussillon ist von der Sonne verwöhnt, hat ein hübsches Zentrum und dank der Universität eine junge Bevölkerung.**

Die alteingesessenen Einheimischen sind oft ein bisschen mürrisch. Dafür haben sie eigentlich gar keinen Grund, denn die Touristen strömen, und die Wirtschaft floriert dank Medizin- und Agrartechnikfirmen im Umkreis.

SEHENSWERTES

ALTSTADT

Beginnen Sie Ihren Bummel durch die Altstadt am besten an der *Place de la Comédie* und durchstreifen Sie dann die mittelalterlichen Gässchen, die heute vielfach zu Fußgängerzonen umgestaltet sind. An einem Eckpunkt der Altstadt befindet sich die Kathedrale *Saint-Pierre*, die durch ihr hoch aufragendes Portal beeindruckt. Ein anderes Ende der Altstadt bildet die *Promenade du Peyrou*. Den Platz verschönern eine Statue Ludwigs XIV. und ein tempelförmiger Wasserturm. Ein dort beginnendes Aquädukt verlängert den Platz optisch in die niedriger liegenden Stadtviertel.

ANTIGONE

Etwas von der Altstadt entfernt im Osten liegt das Neubauviertel Antigone, das vom katalanischen Architekten Ricardo Bofill im neoklassischen Monumentalstil erbaut wurde. Obwohl es sicherlich zu den gelungeneren Beispielen eines Neubauviertels in Frankreich zählt, wirkt die gewaltige Anlage noch ziemlich protzig und aseptisch und strahlt wenig Charme aus.

INSIDER TIPP **MUSÉE FABRÉ**
Frisch renoviert und sehr gelungen ist der Mix aus moderner und alter Architektur. Das Museum hat eine bedeutende Gemäldesammlung mit Werken von Peter Paul Rubens, Poussin, Paolo Veronese u. a. *39, boulevard Bonne Nouvelle | Di, Do, Fr und So 10–18, Mi 13–21, Sa 11–18 Uhr | Eintritt 6 Euro*

ESSEN & TRINKEN

L'OLIVIER

Ein paar Schritte vom Komödienplatz entfernt liegt dieses kleine Restaurant mit familiärem Ambiente und leichter Küche. *12, rue Aristide-Olivier | Tel. 04 67 92 56 28 | So/Mo geschl. | €€*

ÜBERNACHTEN

HÔTEL ULYSSE

Geschmackvoll im südländischen Stil eingerichtete Zimmer, ein bisschen von der Altstadt entfernt in einem ruhigen Wohnviertel. *24 Zi. | 338, avenue de St-Maur | Tel. 04 67 02 02 30 | www.hotelulysse.fr | €–€€*

ZIELE IN DER UMGEBUNG

LA GRANDE MOTTE (180 C5) (*L11*)
Der Badeort rund 22 km östlich von Montpellier ist der nächstgelegene Strand. Erbaut 1967 mit einem großen Yachthafen, hält sich die architektonische Schönheit des Ortes in Grenzen, doch der kilometerlange Strand entschädigt dafür.

NÎMES (180 C5) (*L10*)
Gelegen zwischen Camargue und Cevennen, ist die alte Römerstadt (148 000 Ew.) 50 km nordöstlich von

NIZZA (NICE)

Montpellier eines der wichtigsten Touristenziele in der Region Languedoc-Roussillon.

In kaum einem anderen Ort in Frankreich ist das gallo-romanische Erbe so lebendig. Kaiser Augustus verwöhnte seine Lieblingsstadt mit allerlei Monumentalbauten. Erhalten sind das Aquädukt ★ *Pont du Gard*, der Dianatempel, der kleine Tempel *Maison Carré*, das Augustustor, der achteckige Verteidigungsturm *Tour Magne* und natürlich die *Arena*, die einst 24 000 Menschen fassen konnte *(Winter 9.30–17, März und Okt. 9–18, April, Mai und Sept. bis 18.30, Juni bis 19, Juli/Aug. bis 20 Uhr | www.arenes-nimes.com | Kombiticket für drei Monumente 9,80 Euro)*.

Gegenüber dem römischen Tempel *Maison Carré* steht das zeitgenössische Museum *Carré d'Art* von Sir Norman Foster *(16, Place de la Maison Carrée | Di–So 10–18 Uhr | Eintritt 5 Euro)*. Traditionelle Küche bester Qualität zu bezahlbaren Preisen bietet *L'Ancien Théâtre (4, rue Racine | Tel. 04 66 21 30 75 | Sa mittags und So geschl. | €€)*. Günstige Zimmer mit schönem Blick finden Sie zum Beispiel im *Hôtel Central (15 Zi. | 2, Place du Château | Tel. 04 66 67 27 75 | www.hotel-central.org | €)*.

SAINTES-MARIES-DE-LA-MER
(180 C5) (*ω L11*)

Die kleine Stadt (2500 Ew.) am südlichen Ufer der Camargue ist bekannt wegen ihrer Wallfahrten, die alljährlich Ende Mai und am dritten Wochenende im Oktober stattfinden. Dann werden mit viel Tamtam und unter großer Anteilnahme die berühmten drei Marienstatuen und ihre schwarze Dienerin Sara durchs Dorf getragen. Der Ort eignet sich dank schöner Strände als Badeziel; auch als Basisstation für einen Urlaub in der Camargue bietet er sich an. Übernachten können Sie zu günstigen Preisen im sauberen *Hôtel Méditerranée (14 Zi. | 4, rue Frédéric Mistral | Tel. 04 90 97 82 09 | www.mediterraneehotel.com | €€)*.

NIZZA (NICE)

(181 F5) (*ω O10*) ★ **Die große Hafen- und Präfekturstadt (340 000 Ew.) des Departements Alpes-Maritimes liegt perfekt eingebettet zwischen Gebirge und Meer.**

Die geschützte Lage macht Nizza zu einem der wärmsten Orte Frankreichs. Auch im Winter gibt es kaum Frost, deswegen war und ist die Stadt ein beliebtes Überwinterungsquartier. Die klimatischen Vorteile, das Großstadtflair und die wichtige Universität (25 000 Studenten) haben auch viele Informatikunternehmen überzeugt, die sich im sogenannten Technopol-Viertel Sophia-Antipolis zwischen Nizza und Antibes angesiedelt haben. In diesem französischen Mini-Silikon-Valley sind inzwischen etwa 1300 Unternehmen beheimatet. Nicht vergessen sollte man auch die Bedeutung Nizzas für die bildende Kunst: Die in den 1950er-Jahren gegründete *École de Nice* war ein Wegbereiter des neuen Realismus.

SEHENSWERTES

ALTSTADT

Sie präsentiert sich farbenfroh, barock und lebendig: *Vieux Nice* ist ein buntes Gemisch aus einem schönen Hafen, schönen Plätzen wie der *Place Garibaldi* und der *Place Saint-François* und einem Schloss, von dessen ✲ Hügel Sie einen tollen Blick über die Stadt haben. Sehenswert ist auch die *Cathédrale Sainte-Réparate (Place Rosetti)* mit schönem Barockinterieur.

MUSÉE MATISSE

Henri Matisse kam nach Nizza, um eine Bronchitis auszukurieren, und blieb bis an sein Lebensende. In dem ihm gewidmeten Museum sind seine Bilder und Skulpturen ausgestellt. *164, avenue des Arènes de Cimiez | www. musee-matisse-nice.org | Mi–Mo 10–18 Uhr | Eintritt frei*

PROMENADE DES ANGLAIS

Die Uferpromenade führt am Kieselstrand an der *Baie des Anges* entlang und verdankt ihren Namen einer englischen Kolonie. Sie ist gesäumt von prächtigen Villen wie etwa dem *Hôtel Négresco*.

ESSEN & TRINKEN

LA TABLE ALZIARI

Das kleine Restaurant hat typisch mediterranen Charakter, die Küche ist regional und das Olivenöl hausgemacht. *4, rue François-Zanin | Tel. 04 93 80 34 03 | So/ Mo geschl. | €€*

EINKAUFEN

A L'OLIVIER

Eine sehr gute Adresse für alle, die aus Südfrankreich Olivenöl mitnehmen wollen. An der Ölbar können Sie sich durch die Geschmacksrichtungen probieren. *7, rue St-François-de-Paule | www. alolivier.com*

AM ABEND

LIQWID LOUNGE

Der Restaurantclub spielt die Metropolenkarte: es gibt zwei Restaurants, Bars und einen Dancefloor mit wochentags wechselnden Musikstilen. Immer montags: Champagner zum Sonderpreis. *11, rue Alexandre Mari*

ÜBERNACHTEN

HÔTEL WINDSOR

Das komfortable, durchgestylte Designhotel befindet sich nicht weit entfernt von der Uferpromenade *Pro-*

Der Strand von Nizza – immer gut besucht

menade des Anglais. 54 Zi. | 11, rue Dalpozzo | Tel. 04 93 88 59 35 | www. hotelwindsornice.com | €€€

AUSKUNFT

OFFICE DE TOURISME

5, promenade des Anglais | Tel. 08 92 70 74 07 | www.nicetourism.com

Im Grand Canyon du Verdon

Moustiers-Sainte-Marie, zu Fuß auf dem Wanderweg GR 4 oder mit dem Kanu.

MONACO (181 F5) (*∅ O10*)

Das Fürstentum (34 000 Ew.) 22 km östlich von Nizza kennt jeder dank seiner vom Schicksal geprüften Fürstenfamilie und seines Rufs als Steuerparadies. Auf knapp 2 km² Land an einer der schönsten Ecken der Côte d'Azur drängeln sich eng die Häuser der reichen Monegassen. Für etwas Sightseeing lohnt ein Abstecher ins Kasino und in den Fürstenpalast. Über Besichtigungen informiert das Fremdenverkehrsamt (*2 a, boulevard des Moulins | Tel. 00 37 92 16 61 16 |* .

SAINT-PAUL (181 F5) (*∅ O10*)

Das kleine Bergdorf rund 21 km nordwestlich von Nizza war und ist ein Künstlertreff – und der Sitz der `INSIDER TIPP` ▶ *Fondation Maeght,* einer der wichtigsten Privatsammlungen moderner Kunst in Frankreich *(tgl. Okt–Juni 10–18, Juli–Sept. 10–19 Uhr | Eintritt 11 Euro | www.fondation-maeght.com).* Beim *Café de la Place,* in dem einst Simone Signoret und Yves Montand einkehrten, können Sie einen *Pétanquekurs* absolvieren.

PERPIGNAN

(180 B6) (*∅ K12*) Die Hauptstadt des Roussillon (108 000 Ew.) ist nur 30 km von der spanischen Grenze entfernt.

Der katalanische Einschlag wird auf den mit Platanen gesäumten Promenaden sichtbar. Ende des 13. Jhs. war Perpignan die Hauptstadt des Königreichs Mallorca. Aus dieser Zeit stammt das *Palais des Rois de Majorque (4, rue des Arches | Winter 9–17, Sommer 10–18 Uhr | Eintritt 4 Euro).* Weitere Sehenswürdigkeiten sind die *Cathédrale Saint-Jean* und die *Place*

ZIELE IN DER UMGEBUNG

CORNICHE DE LA RIVIERA
(181 F5) (*∅ O10*)

Rund 30 km sind es von Nizza nach Menton. Eine kurze Strecke, doch kaum eine andere an der Côte d'Azur ist schöner. Hoch über der Küste verläuft die *Route Grand Corniche.*

GORGES DU VERDON
(181 E5) (*∅ N10*)

Der Naturpark rund 150 km nordwestlich von Nizza ist eines der beliebtesten Wanderreviere in der Provence. Über 20 km zieht sich der Canyon, den sich der Fluss Verdon bis zu 700 m tief gegraben hat. Sie können die Schlucht auf drei Arten erkunden: mit dem Auto von *Castellane* bis

de la Loge. Dieser Platz ist das Herz der Altstadt, dort befindet sich der ehemalige Seegerichtshof *Loge der Mer* aus dem Jahr 1397. Spanische Tapas bekommen Sie im Restaurant *Casa Sansa (4, rue Fabrique-Couverte | Tel. 04 68 34 21 84 | kein Ruhetag | €–€€).* Günstig und zentral ist das *Hôtel de la Loge (12 Zi. | 1, rue des Fabriques-d'en-Nabot | Tel. 04 68 34 41 02 | www.hoteldelaloge.fr | €).*

SAINT-TROPEZ

(181 E6) (∅ O11) Das Küstenstädtchen (5500 Ew.) war entgegen allen Gerüchten nie ein kleines Fischerdorf, das erst durch Brigitte Bardot berühmt wurde.

St-Tropez war und ist eine Hafenstadt mit hübschem Zentrum. Hier trifft sich der Jetset der Welt, die Hotels sind first class und teuer, die Altstadt ist toprenoviert. Bausünden gibt es hier nicht: St-Tropez ist ein Gesamtkunstwerk fürs Sehen und Gesehenwerden, Ausgehen, Tanzen, Baden und Shoppen. Insider genießen das Spektakel am Hafen von der Bar `INSIDER TIPP` *Le Sénéguier* am *Quai Jean Jaurès (Place aux Herbes)* aus. Die feuerrote Bar ist nicht zu übersehen und eine Institution.

ZIELE IN DER UMGEBUNG

RAMATUELLE/PAMPELONNE
(181 E6) (∅ O11)
Der berühmteste Strand von Saint-Tropez gehört zur Nachbargemeinde Ramatuelle, rund 12 km entfernt. Die *Plage de Pampelonne* ist 4,5 km lang. Eine Bar reiht sich an die andere, vor der Küste liegen die Yachten, auf den Matten die Models.

TOULON (181 E6) (∅ N11)
Die Großstadt am Meer (168 000 Ew.) und Hauptstadt des Departements Var liegt etwa 70 km südwestlich von Saint-Tropez und dient der französischen Marine als Stützpunkt. Lange Zeit galt Toulon als wenig ansprechend. Doch die Stadt macht sich, viele Häuser sind renoviert. Ein Muss ist die Hafenrundfahrt durch die spektakuläre Reede.

Abendliches Amüsement im Hafen von Saint-Tropez

AUSFLÜGE & TOUREN

Die Touren sind im Reiseatlas, in der Faltkarte und auf dem hinteren Umschlag grün markiert

1 EINE RUNDREISE AM ENDE DER WELT

Am nordwestlichen Zipfel des Departements Finistère, was wörtlich übersetzt Ende der Welt bedeutet, befinden sich an der Küste die sogenannten Abers. Diese kleinen Mereseinmündungen entstanden durch Flüsse, die sich langsam in die Küste fraßen. Die Rundtour entlang dieser bizarren Landschaft ist etwa 200 km lang. Sie können die Fahrt mit dem Auto oder dem Fahrrad machen. Je nach Fahrzeug und Anzahl der Zwischenstopps kann die Tour zwei bis sieben Tage dauern.

Start ist in **Brest** → S. 83. Von dort geht es auf der D 788 Richtung Norden ins Landesinnere zur gotischen Kirche in **Gouesnou** mit ihrem hübschen Renaissancebrunnen und einem sehenswerten Altar. Danach geht es über **Plabennec** nach **Le Folgoët**, wo die Basilika einen Stopp wert ist wegen Form und Portalvorbau. Auf der D 28, dann D 32 fahren Sie nun Richtung **Plouguerneau** ans Meer. Der **Aber Wrac'h** ist die erste Mündung auf der Strecke. Neben ihr liegen die Ruinen von **Illiz-Koz** *(tgl. 14–17.30 Uhr | Eintritt 3 Euro)*, einer ehemaligen Abtei, die vom Sand verschluckt wurde. Es lohnt sich, bis an die äußerste Spitze zu fahren und auf die **Île Vierge** überzusetzen. Deren Leuchtturm, der ⭐ ☀ *Phare de l'Île Vierge*, ist mit 82,5 m der höchste Leuchtturm Frankreichs und bietet ein tolles Panorama

Per Auto, mit dem Fahrrad oder zu Fuß Frankreich ganz genau erkunden: traumhafte Routen für jeden Geschmack

Zurück nach Plouguerneau und über die Mündung des Aber Wrac'h geht es nun auf die Panoramastrecke D 113 über Lannilis und weiter zum **Aber Benoît** nach **Tréglonou**. In der in einem Gutshaus untergebrachten **Crêperie à la Ferme Manoir du Trouzilit** *(Treglonou | Tel. 02 98 04 01 20 | www. manoir-trouzilit.com | Nebensaison Mo–Do geschl. | €)* können Sie essen und übernachten.

Auf der D 28 geht es nun weiter Richtung Westen nach **Ploudalmézeau**. Sie kön-

nen, kurz bevor Sie diesen Ort erreichen, rechts abbiegen und über **Saint-Pabu** einen Abstecher zur Düne **Corn-ar-Gazel** machen.

Zurück auf der Hauptroute, fahren Sie an kleinen Häfen und den Aussichtspunkten ☼ **Portsall** und ☼ **Trémazan** weiter auf der touristischen Route D 127 zum **Aber Ildut** nach **Lanildut**, wo Wanderwege entlang der Küste beginnen. Auf diesem Streckenabschnitt lohnt es sich, immer wieder einmal anzuhalten und die großartige Natur auf sich wirken zu lassen. Besonders eindrucksvoll erleben Sie die Küste, wenn Flut und Westwind meterhohe Wellen gegen die Felsen anbranden lassen. Übernachten in sehr liebevoll eingerichteten Zimmern können Sie in einem ☺ *gîte écologique:* entweder im originell restaurierten Granithaus (18. Jh.) von Dominique Le Tarnec oder in einer der Hütten zwischen Bäumen *(6 Zi. | Le Nid d'Iroise, 4 | Hent Kergaradoc Tel. 02 98 04 38 41 | www.hebergement-nature-bretagne.com | €–€€€).*

Ein Highlight auf der Strecke in Richtung Süden ist der etwa 5000 Jahre alte **Menhir de Kerloas** 1 km östlich von Plouarzel, der mit seinen 9,50 m der größte noch stehende Menhir Frankreichs ist. Auf der D 28 führt die Route über Ploumoguer wieder an die Küste zur ✷ **Pointe de Kermorvan** mit einem Highlight ganz anderer Art: Am schönen Sandstrand **Plage des Blancs Sablons** sollten Sie, wenn das Wetter es zulässt, unbedingt eine Pause einlegen. Auch das Fischerdorf **Le Conquet** und die ✷ **Pointe de Saint-Mathieu** mit ihrem Leuchtturm lohnen einen Zwischenstopp. Von dort geht es auf der D 85 über **Plougonvelin** und, wenn Sie einen weiteren Strand besuchen wollen, **Le Trez Hir** auf die D 789 und zurück nach Brest.

② ENTDECKUNGEN IM WEINLAND

Die Route des Vins im Elsass ist eine der berühmtesten gastronomischen Reisen Frankreichs. Im Zickzack geht es 180 km von Marlenheim nach Thann, durch Weinberge, hübsche Dörfer, Kapellen, Weinkeller und gute Restaurants. Machbar ist die Strecke in vier Tagen, mit täglichen Etappen von rund 45 km.

Die erste Etappe verläuft von Marlenheim nach Obernai. Einen Stopp lohnt der Ort **Wangen** mit seinen Sträßchen, hübschen Häusern und der mittelalterlichen Befestigungsanlage Niedertortum. Weiter geht es über Rosheim und Ottrott nach **Obernai**, einem mittelalterlichen Bilderbuchstädtchen mit hübschem Marktplatz. Gutbürgerlich essen können Sie hier in der **Winstub Le Freiberg** *(46, rue du Général-Gouraud | Tel. 03 88 95 53 77 | Mi geschl. | €€).*

Am nächsten Tag lockt Ittersswiller mit seinem Rundgang *vins et gastronomie.* Über Dambach-la-Ville und Scherwiller endet die zweite Etappe in Châtenois, z. B. im Hotel **Beysang** *(16 Zi. | Tel. 03 88 58 38 58 | www.hr-beysang.com | €–€€).* Am nächsten Tag fahren Sie über Kinsheim und Bergheim nach **Ribeauvillé**. Dort genießen Sie schöne Ausblicke über die elsässische Ebene. In **Riquewihr** gibt es zwei Highlights: die mittelalterliche Altstadt und eines der berühmtesten und schönsten Weingüter des Elsass, das Gut **Dopff au Moulin**. Die Traditionswinzerfamilie erfand um die Wende zum 20. Jh. den *Crémant d'Alsace,* ihr Riesling ist berühmt. *(2, avenue Jacques Preiss | Tel. 03 89 49 09 51 | www.dopff-au-moulin.fr | Weinproben: Mo–Fr 8–12 und 14–18 Uhr, am Wochenende ab 9 Uhr).*

Wer in Riquewihr übernachtet, sollte außerdem einen Abstecher ins nahe gelegene ★ *Kaysersberg* machen, zum Rathaus und Geburtshaus von Albert Schweitzer *(126, rue Général-de-Gaulle | tgl. 9–12 und 14–18 Uhr).* Über Turckheim geht es weiter nach **Colmar**, wo die Etappe endet. Die letzte Strecke führt über **Eguisheim**, die Wiege des elsässischen Weinbaus. Wer Zeit hat, kann sich hier auf die Route der fünf Schlösser begeben, die nach der Burg ausgeschildert ist. Die ersten drei Schlösser der **Donjons d'Eguisheim** (Weckmund, Wahlenbourg, Dagsbourg) erkundet

man zu Fuß, danach geht es zum **Château du Hohlandsbourg** *(8, Place du Général de Gaulle | Wettolsheim | www.chateau-hohlandsbourg.com | Eintritt 4,20 Euro)* mit dem Auto und zuletzt zum **Donjon de Pflixbourg**. Noch ein weiteres Schloss, die Ruine von **Husseren-les-Châteaux** liegt auf der Weiterfahrt nach **Rouffach**, der Königsstadt der Merowinger. Nach Guebwiller lohnt noch ein Stopp an der **Basilika Notre-Dame-de-Thierenbach** mit ihrem Glockenturm, bevor in Thann die Fahrt endet.

Informationen zu dieser Tour finden Sie unter *www.alsace-route-des-vins.com.*

3 QUER DURCH DIE CEVENNEN

Südlich der Auvergne liegen die Nationalparks Grands-Causses und Cévennes, die 2011 in die Welterbeliste der Unesco aufgenommen wurden. Hier beginnt *le midi,* der Süden Frankreichs. Auf den Weiden des Larzac-Plateaus grasen die Schafe seit Tausenden von Jahren. Als abwechslungsreiche Autotour eignet sich die Fahrt von Rodez nach Nîmes. Die 275 km lange Strecke schaffen Sie theoretisch an einem Tag, es wäre aber schade, keine Stopps einzulegen, gerade auch im Hochsommer (außer 1.–15. August) finden Sie in dem dünn besiedelten Gebiet ein Urlaubsparadies für sportliche Biker, Wander- und Naturfreunde, zum Kanufahren und Flussbaden. Starten Sie in **Rodez** (dort gibt es einen kleinen Flughafen, der mehrmals wöchentlich von einer Billig-Airline angeflogen wird), fahren Sie 65 km über die N 88 nach **Séverac-le-Château** südlich des Lot-Tals. Spazieren Sie durch das mittelalterliche Städtchen zur großen Burgruine hinauf *(www.aveyron-tourisme.fr).* Nehmen Sie anschließend die D 809 nach Süden, um abseits der A 75 über

Auf einer Hauswand sieht man das Wahrzeichen Roquefort-sur-Soulzon

Auguessac nach **Millau** zu gelangen (32 km). Das Städtchen kam in die internationalen Schlagzeilen, weil hier seit 2004 die von dem Londoner Stararchitekten Norman Foster entworfene höchste Brücke der Welt steht. Der 2460 m lange **Viaduc de Millau** über dem Tarn schafft eine Verbindung für die Autobahn La Méridienne von Clermont-Ferrand nach Narbonne, der höchste Brückenpfeiler misst 343 m. Es gibt Führungen zur Baugeschichte *(Viaduc Espace Info am 4. Pfeiler | www.leviaducdemillau.com | März–Okt. 10–19, Winter bis 18 Uhr | Eintritt 6 Euro)*. Wenn Sie sich für die Entstehung des Roquefort-Käses interessieren, sollten Sie einen Abstecher ins 20 km südlich gelegene **Roquefort-sur-Soulzon** machen und eine der ● *caves* besichtigen *(10° C | www.roquefort-societe.com)*, wo der leckere Schafskäse reift. Erwerben können Sie diesen aber auch in Millau, einem alten Zentrum der Lederverarbeitung und Schafsfleischproduktion. Lamm serviert man Ihnen im Hotel-Restaurant *Le Château de Creissels* auf der anderen Seite des Tarn (3 km), in dem Sie eine Nacht Schlossherr spielen können *(route de Saint-Affrique | Tel. 05 65 60 16 59 | www.chateau-de-creissels.com | €–€€€)*. Weiter geht es über **Le Rozier** und das 700 m hohe **Meyrueis**, wo die Schlucht **Gorge de la Jonte** beginnt und es zahlreiche Campingplätze gibt. In Le Rozier-Peyreleau treffen Tarn und Jonte zusammen, hier sollten Sie unbedingt eine Spazierpause (Aussichtssturm besteigen, herrlicher Blick über Tal und Dorf) einlegen oder ein Wander-, Kletter-, Angel-, Kanu- oder Kayakwochenende einplanen *(Infos im Office de Tourisme Peyreleau | Tel. 05 65 62 60 89 | www.officedetourisme-gorgesdutarn.com)*.

Durch die atemberaubende Schlucht **Gorges du Tarn** schleichen Sie mit Ihrem Gefährt, wenn Sie über die D 986 durch **Sainte-Enimie** und **Ispagnac** auf die N 106 nach **Florac** fahren. Die südlichere größere Landstraße führt über das Hochplateau der **Causses Méjean**. Das Städtchen Florac gilt als Zentrum der Cevennen *(www.mescevennes.com)*.

Es wimmelt vor Hotels. Wenn Sie im Hochsommer nicht reserviert haben, per Campingbus unterwegs sind oder im Feriendorf VVF Villages Florac eines der 60 einfachen Studios de plain-pied (ebenerdig) gemietet haben *(www.vvf-villages.fr)*, sehen Sie alt aus. Hier beginnt die legendäre **Corniche des Cévennes**, 52 km bis Saint-Jean-du-Gard. Diese auf einer Cevennenreise unverzichtbare Höhenstraße wurde im 17. Jh. während der unter Ludwig XIV. neu entflammten Hugenottenverfolgungen angelegt. In den Cevennenbergen kämpften die protestantischen Camisards gegen das königliche Militär. Der Partisanenname ist von *chemises* abgeleitet, weil ihre „Uniform" das einfache Bauernhemd war. Das **Musée du Désert** in Le Mas Soubeyran informiert ausführlich über die Kamisardenhistorie *(www.lemusee dudesert.com | tgl. März–Nov. 9.30–12, 14–18, Juli/Aug. 9.30–18.30 Uhr | Eintritt 5 Euro)*.

In **Saint-Jean-du-Gard** lassen Sie die Cevennen hinter sich, im Gard endet ebenfalls der auvergnatische Fernwanderweg GR 70, auch Stevensonweg genannt, weil er in großen Teilen identisch ist mit der 220 km langen Route, die der schottische Dichter 1878 mit einer Eselin zurücklegte. Nehmen Sie die D 981 durch Anduze, lassen Sie Alès links liegen und fahren durch bis **Uzès** (57 km), das sich ideal für einen Standort eignet, um das Must-Highlight Pont du Gard *(15 km | www.pontdugard.fr | tgl. ab 9 Uhr, Juni–Sept. bis 19, März–Mai, Okt. bis 18, Nov.–Febr. bis 17 Uhr | Eintritt 15 Euro)* und das nur 25 km entfernte **Nîmes** zu besichtigen. Uzès ist eine verkannte Schönheit. In dem Drei-Türme-Städtchen kann man samstags das ländliche Markttreiben beobachten, zum Beispiel vom Terrassen-Restaurant *Terroirs* aus *(5, Place des herbes | Tel. 04 66 03 41 90 |*

kein Ruhetag | €–€€). Decken Sie sich in der Boutique Envie des Terroirs nebenan mit Pastis, Tapenade, Olivenöl, Honig und kleinen Schleckereien ein. Schlendern Sie durch den mittelalterlichen Garten in der Altstadt-Burg *(impasse Port Royal)*, essen Sie im Patio oder im Gewölbe des *Bec à vin (6, Entre les Tours | Tel. 04 66 22 41 20 | tgl. Juli/Aug., sonst Mo geschl. | €–€€)*, mieten Sie in Collias (14 km D 981/D 3) ein Kanu und paddeln Sie zum ● **Pont du Gard,** dann sparen Sie den Eintritt. Besuchen Sie im Sommer die *Fêtes votives* Anfang August in Uzès oder in den Dörfern der Region mit Livemusik und Tanz *(www. fetes-votives.fr)*. Eine ruhige, sympathische Unterkunft mit Pool und Parkplatz bietet das *Hôtel Saint-Geniès* am nördlichen Stadtrand *(20 Zi. | chemin de Saint-Geniès | Tel. 04 66 22 29 99 | www. hotel-saintgenies.com | €–€€)*.

Die Pont du Gard

SPORT & AKTIVITÄTEN

Dank seiner Lage zwischen zwei Meeren, mehreren Gebirgszügen und einer ausgedehnten Flusslandschaft gibt es in Frankreich Möglichkeiten für Freizeitaktivitäten aller Art. Detaillierte Informationen über Ihre Urlaubsregion bekommen Sie auch bei den örtlichen Fremdenverkehrsämtern.

ACCROBRANCHE

Hinter diesem Namen verbirgt sich das Abenteuer Baumwipfelklettern. Der Sport ist seit Jahren ein beliebtes Freizeitvergnügen für Leute, die den Nervenkitzel lieben. Im ganzen Land gibt es Angebote, geklettert wird in den Wipfeln und entlang alter Festungsmauern. Eines der bekanntesten Accrobranche-Ziele ist *Fort des Rousses* im Jura *(www.fortdesrousses.com).* Über weitere Stätten informiert *www.dans-les-branches.com.*

ANGELN

Geangelt wird sogar mitten in Paris. Der Volkssport ist fast überall in Frankreich möglich, da es an Meer, Flüssen und Seen nicht mangelt. Interessierte brauchen vor allem eine gültige Angelkarte. Im Anglergeschäft vor Ort kaufen Sie eine Berechtigungsmarke für einen Tag, eine Woche oder die ganze Saison, die Sie mitführen müssen. Vorschriften über regionale Angelregeln und Auskunft über Angelgebiete finden Sie auf der Website der *Fédération de la Pêche (www.unpf.fr).*

Sport, Spaß und Schönheit: Wer im Urlaub gern Sport treibt oder Wellness machen möchte, ist in Frankreich richtig

GOLF

Mit über 550 Golfplätzen ist Frankreich eines der wichtigsten Golfziele in Europa. Grundsätzlich ist die Ausübung dieses Sports ein bisschen weniger elitär und auch etwas billiger als in Deutschland. Wer als Anfänger auf einer Driving Ranch ein paar Versuchsbälle schlagen möchte, muss oft nur die Bälle kaufen und keine weitere Gebühr zahlen. Oft werden die Schläger kostenlos zur Verfügung gestellt. Platzreife ist meist nicht erforderlich, jedoch wird ein gewisses Können vorausgesetzt. Wo sich Plätze befinden, erfahren Sie unter *www.golflounge.com*.

HAUSBOOTURLAUB

Gemütlich auf den Flüssen und Kanälen zu tuckern, hat sich in den vergangenen Jahren zu einer Urlaubsalternative entwickelt. Die beliebtesten Ziele sind in Burgund der *Canal du Nivernais*, im Süden der ● *Canal du Midi*, im Osten der *Canal du Rhône*, im Südwesten der

Fluss *Lot* (Informationen und Anbieter unter *www.lotnavigation.com*) und die Nebenflüsse der Loire. Für die meisten Boote brauchen Sie keinen Bootsführerschein. Eine Buchung im Voraus wird empfohlen. Eine gute Übersicht gibt die Website *www.4-oceans.com*.

KOCHKURSE

Kochen können wie die Profis, das wollen in Frankreich viele. Deswegen boomt seit ein paar Jahren der Markt der Kochkurse. Selbst berühmte Häuser wie das Pariser Hotel Ritz haben welche im Angebot. Buchen können Sie bei der *École Ritz Escoffier* sogar online unter *www.ritzparis.com*. Eine moderne Variante an Kochkursen bietet das *Atelier des Chefs* in seinen sieben schicken Ateliers in Paris, Lyon, Bordeaux und Brüssel. Bei *www.atelierdeschefs.com* bereiten die Teilnehmer unter Anleitung eines jungen Kochs innovative Gerichte in der Gruppe zu.

RAD & MOUNTAINBIKE

Radeln können Sie überall in Frankreich, seit 2005 auch mehr und mehr in den großen Städten, wo nach und nach Fahrradwege installiert werden. Auf dem Land gibt es zahlreiche Angebote, vielerorts sind die Strecken sogar mit speziellen Radhinweisen ausgeschildert. So zum Beispiel im Luberon, wo Sie eine Rundtour von über 200 km fahren können. Informationen zu diesem Angebot gibt der Verein **INSIDER TIPP** *Vélo Loisir en Luberon* (*www.veloloisirluberon.com*). Spezielle geführte Touren organisiert auch der Dachverband *Fédération Française de Cyclotourisme* in *Ivry-sur-Seine* (12, rue Louis Bertrand | Tel. 01 56 20 88 88 | www.ffct.org). Mountainbike heißt auf Französisch VTT (*vélo tout-terrain*).

REITEN

In allen Departements gibt es Reitzentren, die Reitmöglichkeiten und geführte

Surfer finden an der Atlantikküste gute Bedingungen für ihren Sport

Touren auch für Touristen anbieten. Die besten Reitgegenden sind *Camarque, Auvergne, Cevennen, Bretagne, Périgord* und *Vogesen.* Vorabinformationen erhalten Sie auch in Englisch (jedoch nicht auf Deutsch) auf den Websites des *Comité National de Tourisme Équestre (CNTE)* in Lamotte-Beuvron *(Parc Equestre Fédéral | Tel. 02 54 94 46 80)* und der *Fédération française d'Équitation (www. ffe.com)*. Etwa zwei Dutzend Reiterhöfe in Frankreich nehmen urlaubende Reiter mit eigenen Pferden auf, nähere Infos dazu finden Sie bei *Reiten Weltweit (www. reiten-weltweit.de)*.

Als „Versailles der Pferde" gilt die Normandie mit 90 Ponyclubs und Reitzentren. Das königliche Gestüt Haras du Pin bei Argentan ist wie die meisten der 23 Nationalgestüte öffentlich zugänglich (*www.haras.nationaux.fr*). In der Normandie finden 2014 die Weltmeisterschaften des Reit- und Fahrsports statt, ein Highlight des internationalen Pferdetourismus.

SEGELN & SURFEN

Die besten Spots für Surfer finden Sie an der Atlantikküste in *Arcachon, Lacanau-Océan, Mimizan, Seignosse-Hossegor, Capbreton, Anglet, Biarritz, Bidart, St-Jean-de-Luz* und *Hendaye*. Im Norden ist Strandsegeln *(char à voile)* sehr angesagt, zum Beispiel in *Le Touquet-Paris-Plage*. Am Mittelmeer ist die Halbinsel **INSIDER TIPP** *Giens* in *Hyères* sehr beliebt vor allem bei Kitesurfern. Informationen über Segel- und Surfschulen geben die Websites der *Fédération Française de Voile (www.ffvoile.net)* und *Fédération Française de Surf (www. surfingfrance.com)*.

SKIFAHREN

Mit Pisten in Vogesen, Jura, Massif Central, Pyrenäen und Alpen besitzt Frankreich eines der größten Skigebiete weltweit. Am anspruchsvollsten ist das Alpengebiet mit den berühmten Stationen *Tignes, Val d'Isère, Courchevel, Chamonix* sowie das gigantische Dreitälergebiet um *Val-Thorens (www. les3vallees.com)*. Nähere Informationen erteilen die einzelnen Skigebiete und die Organisation *Fédération Française de Ski (www.ffs.fr)*.

WANDERN & KLETTERN

Ganz Frankreich ist mit Wanderwegen durchzogen, es gibt zwei Kategorien: *PR (Petit Randonnée)* sind einfache Tagestouren, *GR (Grande Randonnée)* verlangen eine gewisse Kondition und sind meist mehrtägige Touren. Weitere Auskünfte dazu bekommen Sie bei der *Fédération Française de la Randonnée Pédestre* in Paris *(64, rue du Dessous des Berges | Tel. 01 44 89 93 93 | www. ffrandonnee.fr)*.

MIT KINDERN UNTERWEGS

Frankreich ist im europäischen Vergleich das Land mit der höchsten Geburtenrate. Dementsprechend groß ist auch das Angebot bei den Freizeitattraktionen für Kinder.

Es lohnt sich, vor Ort nach besonderen Aktivitäten für 6- bis 12-Jährige zu fragen. Viele Regionen halten ein umfangreiches Kinderprogramm bereit, zum Beispiel in der Bretagne, wo Sie viele interessante Sport- und Freizeitangebote finden können.

Viele Museen bieten regelmäßig speziell auf Kinder zugeschnittene Führungen an, seltener hingegen gibt es deutschsprachige Audioguides für junge Besucher. Achten Sie in Badeorten auf das Label „Kid". Diese Orte sind auf Familienurlaub eingestellt.

PARIS

DISNEYLAND PARIS
(176 B4) (Ω K4)

Seit 1996 gibt es in Marne-La-Vallée im östlichen Großraum Paris (32 km vom Zentrum entfernt, mit RER A zu erreichen) das Disneyland. Der Freizeitpark verzeichnet täglich bis zu 35 000 Besucher, 12–13 Mio. im Jahr. Sieben Disney-Hotels mit insgesamt etwa 6000 Zimmern befinden sich in der direkten Umgebung des Areals, einige mit großen Familienzimmern.

Der Park gliedert sich in fünf Rundgänge, die sich thematisch etwa um den Goldrausch, um Märchen wie Schneewittchen oder Westernmythen drehen. *Marne-la-Vallée | www.disneylandparis.com | Juli/*

Bild: Kanufahrt in der Ardeche

Disneyland, Schlösser, Weltraum: Frankreich hat auch für seine kleinen Gäste jede Menge Attraktionen im Angebot

Aug. tgl. 10–23, sonst bis 19, Wochende bis 21 oder 22 Uhr | Erwachsene 51 Euro, Kinder 43 Euro

DIE MITTE

CHÂTEAU DU CLOS LUCÉ
(175 F5) (🗺 H6)

Das im 12. Jh. erbaute Schloss aus rotem Ziegelstein, das im Ort Amboise im Loire-Tal liegt, war die letzte Wohnstätte von Leonardo da Vinci. Der Park ist nach ihm benannt, das Kinderprogramm ebenfalls.

Die kleinen Leonardos können hier Mal- und Zeichenkurse belegen oder sich in Renaissancetänzen unterrichtet lassen. Einige Kurse dauern mehrere Tage. *www.closluce.com | Jan. 10–18, Feb.–Juni und Sept.–Okt. 9–19, Juli/Aug. bis 20, Nov.–Dez. bis 18 Uhr | Erwachsene 12,50 Euro, Kinder 7 Euro*

BÉRGERIE NATIONALE DE RAMBOUILLET (176 A4) (🗺 J4)

Im Schlosspark, rund 50 km südwestlich von Paris, geht es heute gar nicht mehr aristokratisch zu. In die ehemalige Schäferei sind ein Streichelzoo und jede Menge anderer Attraktionen, die Kinder begeistern können, eingezogen. *www.bergerie-nationale.educagri.fr | Mi, Sa und So 14–17.30 Uhr, Weihnachten bis Mitte Jan. geschl. | Erwachsene 4,50 Euro, Kinder 3 Euro*

DER OSTEN

INSIDER TIPP ▶ **LA MAISON DU COMTÉ**
(177 D6) (*M6*)

In diesem Museum in *Poligny*, dem Herzen der Franche-Comté, geht es um Käsekultur. In dem nur für Kinder gestalteten Ausstellungsparcours erfahren die Kleinen auf spielerische Weise alles, was man über einen der berühmtesten französischen Käse wissen muss, den aus Kuhmilch hergestellten *Comté* – auch in deutscher Sprache. *Avenue de la Résistance | www.maison-du-comte.com | April und Okt. Di–So 14–17, Mai, Juni und Sept. bis 17.30, Juli/ Aug. tgl. 10–11.30 und 14–17.30 Uhr | Erwachsene 4 Euro, Kinder 3 Euro*

DER NORDEN

PARC SAMARA (176 B2) (*J3*)

Zeitreise in die Prähistorie gefällig? In diesem Park, 14 km westlich von Amiens, wird Besuchern vor Augen geführt, unter welchen Bedingungen unsere Vorfahren lebten. Kunsthandwerker zeigen alte Techniken, ein Rundgang führt durch ein keltisches Dorf und ein Museum gibt Hintergrundinformationen. *La Chaussée – Tirancourt | Tel. 03 22 51 82 83 | www.samara.fr | März–Juni und Sept.–Nov. Mo–Fr 9.30–17.30, Wochenende 10.30–*

Man muss nicht in die USA fahren: Disneyland gibt es auch in der Nähe von Paris

18, Juli/Aug. tgl. 10.30–19 Uhr | Erwachsene 9 Euro, Kinder 7,50 Euro

DER WESTEN

PLANÈTE SAUVAGE (174 C6) (*M F6*)

Der rund 20 km südwestlich von Nantes gelegene Zoo ist eine Attraktion – nicht nur für Kinder: In Schrittgeschwindigkeit fahren Sie auf Serpentinenstraßen durch die Anlage, in der Buschland, Steppe und Savanne nachgebildet sind. Elefanten, Bisons, Springböcke, Bären und Giraffen leben hier. Danach geht es zu Fuß weiter ins Safaridorf zu Reptilien und Kleintieren, um am Ende im exotischen Affengarten die Besichtigung zu beschließen. *La Chevalerie | Port Saint-Père | www. planetesauvage.com | April–Anf. Juli und Mitte Aug.–Sept. 10–19, Mitte Juli–Mitte Aug. 9.30 bis 20, Okt., März und Nov. 10–18 Uhr | Erwachsene 17 Euro, Kinder 11 Euro*

LE PUY DE FOU (175 D6) (*M G6*)

Eine Zeitreise erwartete die Besucher rund 60 km südöstlich vom Nantes im Freizeitpark des „verrückten Bergs". In dem großzügig angelegten Park tummeln sich Wikinger, Ritter, Musketiere, Gladiatoren, Napoleons Soldaten und viele andere mehr.

Ein Highlight des Parks ist das alljährlich zwischen Juni und Juli stattfindende Nachtspektakel ⭐ *La Cinéscenie*, wo 800 Schauspieler und 50 Reiter auf der Terrasse eines dramatisch beleuchteten Schlosses wild durch die Gegend reiten, tanzen, springen, während nebenbei jede Menge Feuerwerkskörper und Wasserspiele hochgehen. Termine für das *Cinéscenie* finden Sie auf der Website. Gelegen zwischen den Orten *Cholet* und *La Roche-sur-Yon | www.puydufou.com | Mitte April–Mai Fr–So, juni Do–Di, Sept. Fr/Sa. 10–19, Juli/Aug. So–Do 10–22.30,* Fr/Sa bis 21 Uhr | Erwachsene ab 26 (mit Cinéscenie 43) Euro, Kinder ab 15 (mit Cinéscenie 25) Euro

DER SÜDWESTEN

AQUALAND (178 B3) (*M F9*)

Jede Menge Badespaß mit Rutschen und Wasserfällen bietet diese Anlage am Rand des Bassins von Arcachon. *www. aqualand.fr | tgl. Mitte-Ende Juni und Anf. Sept. 10–18, Juli/Aug. bis 19 Uhr | Erwachsene 24,50 Euro, Kinder 18 Euro*

CITÉ DE L'ESPACE IN TOULOUSE (179 D5) (*M J11*)

Kennst du die Planeten unseres Sonnesystems? Wie ist das Weltall entstanden? Wer von alten Steinen und Kirchen genug hat und sich dem jungen Kapitel von Toulouse, der Raumfahrtindustrie, zuwenden will, sollte sich und seinen Kindern eine Abwechslung gönnen und zur „Stadt des Weltraums" fahren. Im Park der Anlage steht eine Originalkopie der Ariane 5. *Au Parc de la Plaine | Autobahnring Ost | www.cite-espace.com | tgl. 9.30–17, Sa/So bis 18, Hochsaison bis 19 Uhr, Jan., März und Sept.–Dez. Mo geschl. | Erwachsene 19,50 Euro, Kinder 13 Euro*

DER SÜDOSTEN

PARC ZOOLOGIQUE DE FRÉJUS (181 E5) (*M O11*)

Den auf einem Hochplateau angelegten Zoo, nur 5 km nördlich von Fréjus, können Sie sowohl zu Fuß als auch mit dem Auto besichtigen. Beeindruckend ist die Artenvielfalt der Vögel, aber auch das Spektakel der Dressur. *www. zoo-frejus.com | Juni und Aug. 10–18, März–Mai und Sept./Okt. bis 17, Nov.–Feb. 10.30–16.30 Uhr | Erwachsene 14 Euro, Kinder 9,50 Euro*

EVENTS, FESTE & MEHR

Irgendwo gibt es in Frankreich immer etwas zu feiern. Das Jahr ist reich an traditionellen, kulturellen, sportlichen und kulinarischen Events. Festliche Hauptsaison ist im Juli und August.

GESETZLICHE FEIERTAGE

1. Jan. Neujahr; **Ostermontag; 1. Mai; 8. Mai** Ende des Zweiten Weltkriegs; **Christi Himmelfahrt; Pfingstmontag; 14. Juli** Nationalfeiertag; **15. Aug.** Mariä Himmelfahrt; **1. Nov.** Allerheiligen; **11. Nov.** Ende des Ersten Weltkriegs; **25. Dez.** Weihnachten

FESTE & VERANSTALTUNGEN

JANUAR

▶ *Festival International de la Bande Dessinée d'Angoulême:* vier Tage Comic-Orgie *(www.bdangouleme.com)*

FEBRUAR

▶ *Karneval* wird in Frankreich nur in Nizza und in vielen Orten des Nord-Pas-de-Calais gefeiert, Hochburgen: Dunkerque, Douai, Bailleul.

MÄRZ

Die ▶ *Feria in Arles* eröffnet zu Ostern die Stierkampfsaison.

APRIL

Zum Gruseln: In Beaune findet das ▶ *Internationale Krimi-Filmfest* statt.

MAI

Lebendiges Mittelalter bei den ▶ *Jeanne-d'Arc-Festen* in Orléans (1. Maiwoche) und Rouen (Monatsende).
▶ *Pilgerfahrt* der *gitans* in Saintes-Maries-de-la-Mer vom 24. bis 26. Mai
▶ *Fête de Corridas* in Nîmes
⭐ *Filmfestspiele* in Cannes

JUNI

▶ *French Open:* Tennisturnier im Stadion Roland Garros in Paris.
Am Utah Beach gedenken Veteranen und Pazifisten am 6. Juni der Landung der Amerikaner an der französischen Küste. Zur ▶ *Fête de la Musique* spielen am 21. Juni in ganz Frankreich Bands kostenlos. In Le Mans fahren Sportwagen und Motorräder das bekannte 24-Stunden-Langstreckenrennen *(www.lemans.org)*. Beginn des ▶ INSIDER TIPP *Montpellier-Danse-Festivals*, Informationen unter *www.montpellierdanse.com*

Aktuelle Events weltweit auf www.marcopolo.de/events

Diese Termine sollten Sie sich rot im Kalender anstreichen: Sie machen Ihren Urlaub in Frankreich noch erlebnisreicher

JULI

Colmar: In der ersten Julihälfte Konzerte im Rahmen des ▶ *Festival International de Musique Classique*

In Biarritz findet in der 3. Juliwoche das internationale ▶ *Surf-Festival* statt.

Ein immer gut besuchter Klassiker: das ★ *Theaterfestival in Avignon*

AUGUST

Paris Plage: Sonnen, Baden und Feiern auf dem künstlich aufgeschütteten Strand an der Promenade am rechten Ufer der Seine

Bei der ▶ *Fête de Bayonne* geht es ebenso farbenfroh wie trinkfreudig zu.

SEPTEMBER

Bei den ▶ *Journées Européenes du Patrimoine* öffnen sich sonst verschlossene Denkmäler für das Publikum *(www.jour neesdupatrimoine.culture.fr)*.

Auch der Norden hat sein Filmfest mit Stars aus Hollywood: ▶ *Festival du Film Américain* in Deauville

▶ *Biennale* in Lyon: im Jahreswechsel zeigt die Biennale Kunst oder Ballett, Infos unter *www.biennale-de-lyon.org*

OKTOBER

Auch in Paris gibt es einen Weinberg: Die Lese findet im Rahmen der ▶ INSIDER TIPP *Fêtes des Vendanges* am Montmartre statt.

Bei der ▶ *Nuit Blanche*, der langen Nacht der Museen, wird in ganz Frankreich in den Kulturtempeln gefeiert.

NOVEMBER

Le Beaujolais primeur est arrivé! Am 3. Donnerstag um Mitternacht ist offiziell Fassanstich des jungen Rotweins.

DEZEMBER

Am 8. Dezember zelebriert Lyon die ▶ *Fête des Lumières.* Sie geht auf ein religiöses Ereignis von über 150 Jahren zurück. Mehr als 3 Mio. Besucher zieht das vier Tage dauernde Lichtfest jedes Jahr an.

ICH WAR SCHON DA!

Drei User aus der MARCO POLO Community verraten ihre Lieblingsplätze und ihre schönsten Erlebnisse

AU LAPIN QUI FUME

Das Bistro *Au lapin qui Fume* fand ich inmitten der Altstadt von Tours nahe der Place Plumereau. Ich empfehle eines der tollen Fischgerichte mit einem Gläschen Tourraine, einem exzellenten Weißwein. Die Stadt Tours liegt zwischen den Städten Saumur und Blois direkt an der Loire. Ganz in der Nähe des Bistros befinden sich die Kathedrale St-Gatien mit ihren mächtigen, 70 m hohen Türmen und die Basilica St-Martin, in deren Kellergewölben sich die Gruft des Heiligen befindet. Beide Bauwerke gehörten zu meinem persönlichen Pflichtprogramm. **KieferHL aus Völklingen**

NIEDERMORSCHWIHR

Das Dorf Niedermorschwihr (600 Ew.) gehört zum Naturpark *Ballons des Vosges.* Dort kehrten wir ein in die urige Winstub *Caveau Morakopf (www.cave aumorakopf.fr).* Sonntags und montags ist jedoch geschlossen. Auch einen Besuch im Dorfladen *Au Relais des Trois Epis* (hausgemachte Marmeladen) lohnt sich. **winni aus Billerbeck**

GROTTE LA MADELEINE

Vom Aussichtspunkt *Belvedere de la Madeleine* hatte ich einen tollen Ausblick auf die Schlucht der Ardèche und die umliegenden Höhenzüge. Mein Highlight war die Besichtigung der *Grotte La Madeleine,* eine der schönsten Tropfsteinhöhlen Frankreichs bei St-Remèz. **argon4811 aus Münster**

Haben auch Sie etwas Besonderes erlebt oder einen Lieblingsplatz gefunden, den nicht jeder kennt? Gehen Sie einfach auf www.marcopolo.de/mein-tipp

EIGENE NOTIZEN

LINKS, BLOGS, APPS & MORE

LINKS

▶ www.marcopolo.de/frankreich Alles auf einen Blick zu Ihrem Reiseziel: Interaktive Karten inklusive Planungsfunktion, Impressionen aus der Community, aktuelle News und Angebote ...

▶ www.avignon-et-provence.com Hotel, Ferienwohnung, Privatzimmer in der Provence gesucht? Die Seite deckt den ganzen Südosten, teilweise sogar die Côte d'Azur mit Hinweisen zu Unterkünften ab; auch aktuelle Sport- und Kulturtipps

▶ mp.marcopolo.de/frr1 Alle 46 Naturparks von Frankreich auf einen Blick, mit interaktiver Karte. Unterkunftslisten der einzelnen Parks, ausführliche Informationen über Kinder- und Jugendbeschäftigungen, über Fuß- und Wasserwanderungen, ebenso Meldungen über Obst- und Gemüseanbau sowie spezielle Handwerkstechniken

▶ www.histoire-pour-tous.com Was hat der Merowinger Chlodwig I. mit Frankreich zu tun? Warum könnte man Lieselotte von der Pfalz Madame Europe nennen? Und wie hieß die schöne Lieblingsschwester von Napoleon? Toll aufbereitete Nachhilfe über französische Geschichte, auch über Welthistorie, und das Beste: eine eigene Rubrik über historische Comics und Filme

▶ www.tendanceouest.com Angesagte Musikevents, Sommerfestivals, Wochen-Kinoprogramm und News über die Normandie mit lokalen Unterseiten für Manche, Calvados und Rouen. Direkter Play-Link zum gleichnamigen Musiksender

BLOGS & FOREN

▶ mp.marcopolo.de/frr2 Wollen Sie wissen, wie Franzosen über Deutschland, deutsche Politik, deutsche Mentalität, deutsches Essen, deutsche Kultur denken? Der Berliner Le-Figaro-Korrespondent Patrick Saint-Paul räumt bei seinen Landsleuten mit Vorurteilen auf – und vermittelt deutschen Lesern dadurch mehr Verständnis und Einfühlung für den französischen Nachbarn. Eine gute Vorbereitung für eine Reise nach Frankreich

Egal, ob Sie sich vorbereiten auf Ihre Reise oder vor Ort sind: Mit diesen Adressen finden Sie noch mehr Informationen, Videos und Netzwerke, die Ihren Urlaub bereichern. Da manche Adressen extrem lang sind, führt Sie der kürzere mp.marcopolo.de-Code direkt auf die beschriebenen Websites

BLOGS & FOREN

▶ www.frankreich.germanblogs. de Unter dem schlichten Motto „Vive la France" finden Sie Beschreibungen für spezielle Ziele, Ausflüge, Sehenswürdigkeiten

▶ www.franzoesisch-blog.de Informative Kommentare jeglicher Art: Essen und Trinken, Boule, Französisch lernen, Surferparadiese, Streiks, etc.

▶ mp.marcopolo.de/frr3 Landschaftlich reizvolle Motive haben die E-Cards, die auf der Website des deutschen Magazins „Frankreich erleben" zu finden sind. Das Printmagazin hat auch eine interessante Facebookseite (Stichwort „Frankreich")

APPS

▶ Click 'n Visit Parcs et Jardins Beschreibung, Erreichbarkeit und visuelle Einblicke in die schönsten französischen Parks und Gärten offeriert „Click 'n Visit Parcs et Jardins - Visitez les parcs et jardins en France". Die Betreiber Spirit and Mobility erhielten Rückendeckung und damit Anerkennung durch das Kultur- und Kommunikationsministerium

▶ Weinkarte Frankreich Nicht umsonst, aber sehr billig erwerben kann man eine interaktive „Weinkarte Frankreich" mit Detailinformationen zu Rebsorten, Geschmack, Anbaugebieten sowie Bewertungen von Jahrgängen und konkrete Empfehlungen, welcher Wein zu welchem Gericht am besten passt

▶ Découvrir Chenonceau Unter dem Motto „Découvrir Chenonceau" können Sie sich auf Ihren Besuch im Witwenschloss thematisch und visuell vorbereiten. Dasselbe gilt für „Visit Versailles"

NETWORK

▶ www.deinfrankreich.de Online-Community für jugendliche Frankreichreisende mit Insider-Tipps für einzelne Städte, Reiseerfahrungen, Reiseplänen, Shopping, Musik. Wer möchte, kann sich einen Reise-Scout in der Gegend suchen, die ihn besonders interessiert. Auch bei Facebook und Twitter zu finden (Stichwort „Dein-Frankreich")

▶ www.in-france.de Reise-Community mit Artikeln, Fotos und Bewertungen zu Reisezielen in ganz Frankreich

PRAKTISCHE HINWEISE

Aus Deutschland führen die Autobahnen A 1 (Aachen-Liège-Paris) und A 4 (Saarbrücken-Metz-Reims-Paris) nach Frankreich. In den Süden führen die Autobahnen A 10/20 und die A 6, die *Route du Soleil*. Auf Autobahnen gilt eine Maut *(Péage)* auch für PKWs. Die knapp 686 km lange Strecke Mulhouse-Montpellier kostet zum Beispiel rund 52 Euro. Die gute Nachricht: Es gibt mehr mautfreie Autobahnabschnitte, als man vermutet *(péage kalkulieren unter www. autoroutes.fr)*. Die meisten liegen in Randzonen, außerdem alle Autobahnen in den dicht befahrenen Ballungsräumen. Größte mautfreie Inlandstrecken auf dem Weg nach Süden sind die A 75 Clermont-Ferrand nach Montpellier (332 km) und Béziers (343 km), bis auf die kostenpflichtige Überquerung des Viadukts von Millau, und die A 20 auf der Strecke Vierzon (südlich von Orléans) bis Brive-la-Gaillarde (273 km).

Die meisten großen Städte sind an das Bahnnetz angeschlossen, das von Paris sternförmig das Land überzieht. Von Paris dauert eine Reise mit dem *TGV* bis Marseille drei Stunden. Buchungen innerhalb Frankreichs können über die Website *www.voyages-sncf.com* vorgenommen werden. Eine Fahrt von Frankfurt nach Paris dauert 3 Std. 50 Min. *(www.tgv-europe.de)*. TGV-Tickets bekommt man nur mit Sitzreservierung, bis alle Plätze verkauft sind.

Die Hauptstadt Paris besitzt zwei große Flughäfen: Orly, 11 km im Süden, und Charles-de-Gaulle (CDG), auch Roissy genannt, 23 km im Norden der Stadt. Roissy ist der zweitgrößte Flughafen Europas mit drei Terminals. Von beiden Pariser Flughäfen fahren Busse (Roissybus, Orlybus) und eine S-Bahn, die RER (Linie B 3 für CDG und B 4 für Orly), in die Innenstadt. Weitere Regionalflughäfen sind Bordeaux, Lille, Lyon, Marseille, Montpellier, Mulhouse, Nantes, Nizza, Straßburg und Toulouse.

GRÜN & FAIR REISEN

Auf Reisen können auch Sie mit einfachen Mitteln viel bewirken. Behalten Sie nicht nur die CO_2-Bilanz für Hin- und Rückflug im Hinterkopf *(www.atmosfair.de)*, sondern achten und schützen Sie auch nachhaltig Natur und Kultur im Reiseland *(www. gate-tourismus.de; www.zukunft-reisen.de; www.ecotrans.de)*. Gerade als Tourist ist es wichtig, auf Aspekte zu achten wie Naturschutz *(www. nabu.de; www.wwf.de)*, regionale Produkte, Fahrradfahren (statt Autofahren), Wassersparen und vieles mehr. Wenn Sie mehr über ökologischen Tourismus erfahren wollen: europaweit *www.oete.de*; weltweit *www.germanwatch.org*

Atout France – Französische Zentrale für Tourismus heißt das offizielle Fremdenverkehrsamt Frankreichs im Ausland *(www.franceguide.com)*. In Deutschland: *Postfach 100128 | 60001 Frankfurt am Main | kein Telefonkontakt | info.de@*

Von Anreise bis Zoll

Urlaub von Anfang bis Ende: die wichtigsten Adressen und Informationen für Ihre Frankreichreise

franceguide.com. In Österreich: *Tel. 01 50 32 8 92 | info.at@franceguide.com*. In der Schweiz: *Tel. 04 42 17 46 00 | info.ch@franceguide.com*. Vor Ort erhält man in den lokalen Fremdenverkehrsämtern gute Informationen.

AUTO

In Frankreich werden strenge Geschwindigkeitskontrollen durchgeführt. Die Radarstellen sind fest entlang der Autobahn installiert, seltener sieht man mobile Einsatzkräfte. In Ortschaften gilt eine Höchstgeschwindigkeit von 50 km/h, auf Landstraßen 90 km/h, auf Schnellstraßen 110 km/h und auf Autobahnen 130 km/h (bei Regen 110 km/h). Bei Autopannen sollte man seinen deutschen Pannenservice anrufen, der in der Regel französische Vertragspartner hat. Bei Unfällen ist die Polizei zu informieren, via Autobahnrufsäulen oder mit Rufnummer 17. Die Ambulanz ist unter der Rufnummer 15, die Feuerwehr unter 18 zu erreichen.

BANKEN

Die Banken haben in Frankreich in der Regel werktags von 9 bis 17 Uhr geöffnet. In kleineren Orten können sie über Mittag geschlossen sein. Die einfachste Bargeldbeschaffung erfolgt über die zahlreichen Automaten, die Kredit- und EC-Karten akzeptieren. Dabei fallen gewöhnlich Gebühren in Höhe von 1 Prozent des Auszahlungsbetrags an, jedoch mindestens 3 Euro. Kreditkarten werden in Frankreich fast überall akzeptiert, jedoch kann man in privaten Gästehäusern, sogenannten *Chambres d'Hôtes*, oft nur bar zahlen.

CAMPING

11 000 Campingplätze gibt es in Frankreich. Sie sind ähnlich wie die Hotels in vier Sternekategorien eingeteilt. Eine Reservierung in den Ferienmonaten ist empfehlenswert *(www.campingfrance.com)*.

WAS KOSTET WIE VIEL?

Fahrrad	**etwa 20 Euro** *für 24 Std.*
Kaffee	**ab 2 Euro** *für einen petit noir*
Eis	**2–4 Euro** *für eine Kugel*
Wein	**ab 4 Euro** *für ein Glas im Bistro*
Benzin	**1,60 Euro** *für 1 l Super*
PKW-Maut	**etwa 16 Euro** *für 100 km auf der Autobahn*

DIPLOMATISCHE VERTRETUNGEN

DEUTSCHE BOTSCHAFT
13–15, avenue Franklin D. Roosevelt | 75008 Paris | Tel. 01 53 83 45 00 | www.paris.diplo.de

ÖSTERREICHISCHE BOTSCHAFT
6, rue Fabert | 75007 Paris | Tel. 01 40 63 30 63 | www.amb-autriche.fr

SCHWEIZER BOTSCHAFT
142, rue de Grenelle | 75007 Paris | Tel. 01 49 55 67 00 | www.eda.admin.ch/paris

FLUGGESELLSCHAFTEN

Neben den beiden großen Fluggesellschaften Airfrance und Lufthansa bieten inzwischen auch viele Billigflieger Direktflüge nach Frankreich an. Hier eine Auswahl:

Germanwings: Von zahlreichen deutschen Städten nach Nizza und Marseille *(www.germanwings.com)*

Tuifly: von Hannover und Stuttgart nach Paris *(www.tuifly.com)*

Airberlin: von zahlreichen deutschen und österreichischen Städten, z. B. Wien, Berlin und Nürnberg nach Paris und Nizza *(www.airberlin.com)*

GESUNDHEIT

Bei der Krankenkasse kann vor der Reise kostenlos eine europäische Krankenversicherungskarte beantragt werden. Jedoch werden über die Karte ausschließlich Notfälle zu 100 Prozent versichert. Meist müssen Sie trotzdem direkt nach der Behandlung die Arztgebühren bezahlen und sie anschließend bei Ihrer Krankenversicherung einreichen, die später dann nach den entsprechenden Sätzen die Behandlung abrechnet und die jeweiligen Beträge an Sie zurückerstattet.

INTERNET

Im Internet findet man zahlreiche Informationen über Frankreich. Hier ein paar der besten und wichtigsten Adressen. Allgemeine Infos über das Land gibt die Website der französischen Botschaft in Berlin: *www.botschaft-frankreich.de.* Infos über die deutsch-französische Zusammenarbeit mit aktuellen Kulturterminen finden Sie unter *www.france-allemagne.fr.* Infos und Wissenswertes über Reisen vermitteln die Websites *www.frankreich-*experte.de und *www.frankreichkontakte.de* sowie *www.frankreich-trip.com.* Details der französischen Geschichte vermittelt *www.histoire-pour-tous.fr.* Praktische Tipps hält *www.parisnetguide.com* parat. Aktuelle Wetterinformationen erhält man unter *www.wetteronline.de* und *www.meteo.fr.* Eine Liste der französischen Touristenbüros finden Sie bei *www.tourisme.fr.* Fast 70 Prozent der französischen Kommunen sind mit eigenen Websites online präsent, oft mit zwei: einer Bürger-Website *(Stichwort mairie)* und einer touristischen.

INTERNETCAFÉS & WLAN

In den meisten Hotels kommt man über kostenloses WIFI (französisch für WLAN) ins Netz. In größeren französischen Städten sind Webcafés unter gemeinsamem Label zu finden, manche sind rund um die Uhr geöffnet wie *Milk Club (7-mal in Paris, 1-mal in Lyon | www.milkclub.com)* oder *XS Arena Paris* mit 100 PC-Plätzen *(rue de la Harpe, Saint-Michel | www.xsarena.com).* Adressen von Internetcafés im ganzen Land veröffentlicht *www.cybercafe.fr.*

KLIMA & REISEZEIT

Frankreich erfreut sich an einem gemäßigten Wetter. Als Wettergrenze wird die Loire angesehen. Während an der Atlantikküste im Westen eher ein mildes Klima herrscht, nähert sich gen Osten das Wetter dem Kontinentalklima an. Der Norden ist relativ feucht, der Süden besticht durch lange Sonnenperioden. Beste Reisezeit ist im späten Frühjahr und Sommer. Bereits ab Mitte September setzen in ganz Frankreich erste Herbstschauer ein, die in manchen Jahren bis Mitte November anhalten. In den Wintersportgebieten Vogesen, Jura, Zentralmassiv, Pyrenäen und Alpen ermöglichen gute Schneeverhältnisse in hohen Lagen Skifahren bis in die Monate März und April.

MIETWAGEN

Alle gängigen Autovermieter sind in Frankreich vertreten. Sehr günstige Preise innerhalb des Landes bietet der Internetservice *www.autoescape.com* an, der selbst keine Autos vermietet, sondern mit den großen Anbietern Sonderkonditionen aushandelt. Achten Sie auch auf lokale Anbieter, deren Preise manchmal die Konkurrenz ausstechen.

NOTRUF

Seit 2004 gilt in allen europäischen Ländern die gleiche Notrufnummer 112. Sie funktioniert vom Festnetz wie vom Handy aus. Die alten Nummern blieben in Frankreich erhalten *(siehe S. 163 unter Auto)*.

ÖFFENTLICHE VERKEHRSMITTEL

Das öffentliche Verkehrsnetz ist in Frankreich sehr gut ausgebaut: Neben den TGVs für die Langstrecken versorgen Thalys und Regionalzüge (Transilien) das Land. Selbst in kleineren Orten gibt es in der Regel ein gut ausgebautes Busnetz. In vielen größeren Städten wie Straßburg, Montpellier oder Bordeaux gibt es Trambahnen, die Großstädte Paris, Lyon und Marseille haben Metros.

POST

Briefe (bis 20 g) und Postkarten in Länder der Europäischen Union und in die Schweiz kosten 0,75 Euro.

STROM

Die Netzspannung beträgt 230 Volt. Bei Flach- und Eurosteckern braucht man

ETAP & CO – GÜNSTIGE HOTELS

In der Nähe von Autobahnabfahrten, in Randgebieten größerer Städte, oft in Gewerbegebieten gibt es zahlreiche preiswerte, zweckmäßig eingerichtete Hotels, die häufig in Containerbauweise errichtet sind. Eine der bekanntesten Ketten ist *Etap Hotel (www.etaphotel. com)*, die Frankreich mit 306 Häusern flächendeckend überzieht, allein 58 findet man in Paris und Umland. Die Zimmer bieten Dusche, Toilette, drei Schlafplätze – ein Doppelbett unten und ein schmaleres Etagenbett darüber. Je nach Lage und Wochentag kostet das Zimmer zwischen 36 und 64 Euro mit Frühstück. Weniger standardisiert sind die Hotels der Ketten *Kyriad (www.kyriad.fr)* und *Première Classe (www.premiereclasse.fr)*. Die Ketten *Akena City* und *Akena Express (www.hotels-akena.com)*, *B & B (www.hotel-bb.com)* und *Quick Palace (www.quickpalace.com)* zählen ebenfalls zum großen französischen Billighotelangebot. Die auch in anderen Ländern vertretene *Ibis-Kette (www.ibishotel.com)* unterhält in Frankreich 378 Häuser, deren Zimmer meist etwas komfortabler eingerichtet sind als die der Konkurrenz, allerdings sind sie auch teurer (ab 57 Euro). Medienberichten zufolge plant Ibis offenbar den Einstieg in die untere Budget-Liga.

keinen Adapter, bei alten Schukosteckern schon.

Öffentliche Telefonzellen funktionieren mit einer Telefonkarte, die in Tabakläden, bei der Post, am Kiosk und an Tankstellen erhältlich ist. Für Auslandsgespräche aus Frankreich nach Deutschland wählt man die Länderkennzahl 0049, für Österreich die 0043 und für die Schweiz 0041 vor und dann die Ortsvorwahl ohne die erste 0. Für Gespräche nach Frankreich wählt man die Länderkennzahl 0033 vor, dann die Rufnummer ohne die einleitende 0. Innerhalb Frankreichs muss die komplette zehnstellige Nummer gewählt werden.

Es gibt in Frankreich drei große Mobilfunkanbieter (Orange, SFR, Bouygues), die Roamingabkommen mit deutschen Anbietern haben. Roaming bleibt teuer, trotz gesetzlicher Vorschriften und europäischer Abkommen diverser Telefongesellschaften. Mit einer Prepaidkarte kommt man billiger weg, weil die Gebühren für weitergeleitete eingehende Anrufe entfallen. Die Mobilbox sollte man selten abhören. Wenn Sie das deutsche Handy eines Urlaubsbegleiters anwählen, müssen Sie trotzdem die deutsche Vorwahl eingeben. Smartphone-Nutzer sollten ihren automatischen Datenabgleich ausstellen, andernfalls können im Hintergrund hohe Internetgebühren entstehen, ohne dass man es mitbekommt.

WETTER IN NIZZA

	Jan.	Feb.	März	April	Mai	Juni	Juli	Aug.	Sept.	Okt.	Nov.	Dez.
Tagestemperaturen in °C	13	13	15	17	20	24	27	27	25	21	17	13
Nachttemperaturen in °C	4	5	7	9	13	16	18	18	16	12	8	5
Sonnenschein Stunden/Tag	5	6	6	8	9	10	12	11	9	7	5	5
Niederschlag Tage/Monat	7	6	6	7	6	3	2	3	6	8	8	7
Wassertemperaturen in °C	13	12	13	14	16	20	22	23	21	19	16	14

BÜCHER & FILME

▶ **Bruno, Chef de Police** – die Krimis von Martin Walker spielen im Périgord

▶ **Chenonceaux. Schloss der Frauen** – poetische, unterhaltsame Geschichte über das Witwenschloss, geschrieben von Marguerite Yourcenar

▶ **Essen in Frankreich** – einzigartiges, handliches Lexikon für Küche, Einkauf, Restaurantbesuch, von Ute Redeker-Sosnitzka

▶ **Das Schmuckstück (Potiche)** – Filmkomödie (2010) von François Ozon mit Cathérine Deneuve und Gérard Dépardieu, eine bissige Boulevardposse, sehr vergnüglich

▶ **Ein Mann und eine Frau** – Oscar-gekrönter Nouvelle-Vague-Klassiker (1966) über eine unverhoffte Liebe. Schauplatz ist Deauville. Von Claude Lelouch mit Anouk Aimée und Jean-Louis Trintignant

TRINKGELD

Das Trinkgeld ist in Frankreich in der Rechnung enthalten. Man lässt jedoch beim Verlassen eines Restaurants oder einer Bar meist einige Münzen auf dem Tisch liegen. War der Service besonders gut, kann man zusätzlich zwischen 5 und 10 Prozent Trinkgeld geben. Selbst in sehr guten Restaurants und bei Kreditkartenzahlung lässt man das Trinkgeld auf dem Tisch liegen. Im Hotel erwartet das Zimmermädchen ein Trinkgeld, in teureren Häusern auch der Portier.

UNTERKUNFT

In Frankreich gibt es rund 20 000 Hotels, die in vier Kategorien eingeteilt sind. Die Preise beziehen sich in der Regel auf das Zimmer, nicht die Anzahl der Gäste. Die Erwartungen beim Frühstück sollte man runterschrauben: Ein Hotelfrühstück besteht meist nur aus einem Croissant, Orangensaft und Heißgetränk. Das französische Äquivalent der englischen Bed & Breakfasts sind die *Chambres d'Hôtes*, die teilweise recht luxuriös ausgestattet sind und dementsprechend teuer sein können. Da es sich bei diesen Gästehäusern um Privatunterkünfte handelt, gibt es keine Sterneklassifizierung. Günstige Hotels finden Sie unter der Kennzeichnung *Logis de France (www.logis-de-france.fr)* und günstige einfache Privatunterkünfte unter dem Label *Gites de France (www.gites-de-france.fr)*. Während der französischen Ferienmonate Juli und August empfiehlt sich eine Reservierung. Insbesondere Mitte August sind gerade im Süden der Republik kaum noch Zimmer frei.

ZOLL

Innerhalb der Europäischen Union gibt es für Privatpersonen keine Zollgrenzen mehr. Waren für den persönlichen Gebrauch genießen hohe Freigrenzen (zum Beispiel 800 Zigaretten, 10 l Spirituosen und 90 l Wein können zollfrei ein- und ausgeführt werden). Beschränkungen bestehen hinsichtlich Pflanzen und Tieren sowie deren Verarbeitungsprodukten. Für Schweizer Staatsbürger gelten niedrigere Freigrenzen: 200 Zigaretten und 4 l Wein.

SPRACHFÜHRER FRANZÖSISCH

AUSSPRACHE

Zur Erleichterung der Aussprache sind alle französischen Wörter mit einer einfachen Aussprache in eckigen Klammern versehen.

AUF EINEN BLICK

ja/nein/vielleicht	oui [ui]/non [nong]/peut-être [pöhtätr]
bitte/danke	s'il vous plaît [ßil wu plä]/merci [märßih]
Gute/n Morgen!/Tag!/ Abend!/Nacht!	Bonjour! [bongschuhr]/Bonjour! [bongschuhr]/ Bonsoir! [bongßoar]/Bonne nuit! [bonn nüi]
Hallo!/Auf Wiedersehen!/ Tschüss!	Salut! [ßalü]/Au revoir! [o rövoar]/Salut! [ßalü]
Entschuldigung!	Pardon! [pardong]
Ich heiße ...	Je m'appelle ... [schö mapäll ...]
Ich komme aus ...	Je suis de ... [schö süi dö ...]
Darf ich ...?	Puis-je ...? [püi schö ...]
Wie bitte?	Comment? [kommang]
Ich möchte .../Haben Sie?	Je voudrais ... [schö wudrä]/Avez-vous? [aweh wu]
Wie viel kostet ...?	Combien coûte ...? [kombjäng kuht ...?]
Das gefällt mir (nicht).	Ça (ne) me plaît (pas). [ßa (nö) mö plä (pa)]
gut/schlecht/kaputt	bon [bong]/mauvais [mowä]/cassé [kaßeh]
zu viel/viel/wenig	trop [troh]/beaucoup [bokuh]/peu [pöh]
alles/nichts	tout [tuh]/rien [riäng]
Hilfe!/Achtung!	Au secours! [o ßökuhr]/Attention! [attangßjong]
Polizei/Feuerwehr/ Krankenwagen	police [poliß]/pompiers [pompieh]/ ambulance [ambülangß]

DATUMS- & ZEITANGABEN

Montag/Dienstag	lundi [längdi]/mardi [mardi]
Mittwoch/Donnerstag	mercredi [märcrödi]/jeudi [schödi]
Freitag/Samstag/ Sonntag	vendredi [vangdrödi]/samedi [ßamdi]/ dimanche [dimangsch]
Werktag/Feiertag	jour ouvrable [schur uwrabl]/jour férié [schur ferieh]
heute/morgen/gestern	aujourd'hui [oschurdüi]/demain[dömäng]/hier [jähr]
Stunde/Minute	heure [öhr]/minute [minüt]
Tag/Nacht/Woche	jour [schur]/nuit [nüi]/semaine [ßömän]
Monat/Jahr	mois [moa]/année [aneh]

Tu parles français?

„Sprichst du Französisch?" Dieser Sprachführer hilft Ihnen, die wichtigsten Wörter und Sätze auf Französisch zu sagen

Wie viel Uhr ist es?	Quelle heure est-t-il? [käl ör ät il]
Es ist drei Uhr	Il est trois heures [il ä troasör]
Es ist halb vier	Il est trois heures et demi [il ä troasör e dömi]
Viertel vor vier	quatre heures moins le quart [katrör moäng lö kar]
Viertel nach vier	quatre heures et quart [katrör e kar]

UNTERWEGS

offen/geschlossen	ouvert [uwär]/fermé [färmeh]
Eingang/Einfahrt	entrée [angtreh]
Ausgang/Ausfahrt	sortie [ßorti]
Abfahrt/Abflug/Ankunft	départ [depahr]/départ [depahr]/arrivée [arriweh]
Toiletten/Damen/Herren	toilettes [toalett]/femmes [famm]/hommes [omm]
(kein) Trinkwasser	eau (non) potable [o (nong) potabl]
Wo ist ...?/Wo sind ...?	Où est ...? [u ä ...]/Où sont ...? [u ßong ...]
links/rechts	à gauche [a gohsch]/à droite [a droat]
geradeaus/zurück	tout droit [tu droa]/en arrière [ong arriähr]
nah/weit	près [prä]/loin [loäng]
Bus/Straßenbahn/U-Bahn/Taxi	bus [büß]/tramway [tramwäi]/métro [mehtro]/taxi [takßi]
Haltestelle/Taxistand	arrêt [arrä]/station de taxi [ßtaßjong dö takßi]
Parkplatz/Parkhaus	parking [parking]
Stadtplan/[Land-]Karte	plan de ville [plang dö vil]/carte routière [kart rutjähr]
Bahnhof/Hafen/Flughafen	gare [gahr]/port [pohr]/aéroport [aeropohr]
Fahrplan/Fahrschein	horaire [orär]/billet [bije]
einfach/hin und zurück	aller simple [aleh ßämpl]/aller-retour [aleh rötuhr]
Zug/Gleis/Bahnsteig	train [träng]/voie [woa]/quai [käh]
Ich möchte ... mieten.	Je voudrais ... louer. [schö wudräh... lueh]
ein Auto/ein Fahrrad/ein Boot	une voiture [ün woatür]/un vélo [äng weloh]/un bateau [äng batoh]
Tankstelle	station d'essence [ßtaßjong deßangß]
Benzin/Diesel	essence [eßangß]/diesel [diesäl]
Panne/Werkstatt	panne [pann]/garage [garahsch]

ESSEN & TRINKEN

Die Speisekarte, bitte.	La carte, s'il vous plaît. [la kart ßil wu plä]
Könnte ich bitte ... haben?	Puis-je avoir ... s'il vous plaît? [püischö awoar ... ßil wu plä]
Flasche/Karaffe/Glas	bouteille [buteij]/carafe [karaf]/verre [wär]
Messer/Gabel/Löffel	couteau [kutoh]/fourchette [furschät]/cuillère [küijär]
Salz/Pfeffer/Zucker	sel [ßäl]/poivre [poawr]/sucre [ßükr]

Essig/Öl	vinaigre [winägr]/huile [üil]
Milch/Sahne/Zitrone	lait [lä]/crême [kräm]/citron [ßitrong]
kalt/versalzen/nicht gar	froid [froa]/trop salé [tro ßaleh]/pas cuit [pa küi]
mit/ohne Eis/Kohlensäure	avec [awäk]/sans [ßang] glaçons/gaz [glaßong/gaß]
Vegetarier(in)	végétarien(ne) [weschetarijäng/weschetarijänn]
Ich möchte zahlen, bitte.	Je voudrais payer, s'il vous plaît. [schön wudrä pejeh, ßil wu plä]
Rechnung/Quittung	addition [adißjong]/reçu [rößü]

EINKAUFEN

Apotheke/Drogerie	pharmacie [farmaßi]/droguerie [drogöri]
Bäckerei/Markt	boulangerie [bulangschöri]/marché [marscheh]
Einkaufszentrum	centre commercial [ßangtre komerßial]
Kaufhaus	grand magasin [grang magasäng]
100 Gramm/1 Kilo	cent grammes [ßang gramm]/un kilo [äng kilo]
teuer/billig/Preis	cher [schär]/bon marché [bong marscheh]/prix [pri]
mehr/weniger	plus [plüß]/moins [moäng]
aus biologischem Anbau	de l'agriculture biologique [dö lagrikültür biologischk]

ÜBERNACHTEN

Ich habe ein Zimmer reserviert.	J'ai réservé une chambre. [scheh reserweh ün schangbr]
Haben Sie noch ...?	Avez-vous encore ...? [aweh wusangkor ...]
Einzel-/Doppelzimmer/	chambre simple/double [schangbr ßämplö/dublö]
Frühstück	petit déjeuner [pöti deschöneh]
Halbpension/Vollpension	demi-pension [dömi pangßjong]/pension complète [pangßjong komplät]
Dusche/Bad	douche [dusch]/bain [bäng]
Balkon/Terrasse	balcon [balkong] /terrasse [teraß]
Schlüssel/Zimmerkarte	clé [kleh]/carte magnétique [kart manjetik]
Gepäck/Koffer/Tasche	bagages [bagahsch]/valise [walis]/sac [ßak]

BANKEN & GELD

Bank/Geldautomat/ Geheimzahl	banque [bangk]/guichet automatique [gischeh otomatik]/code [kodd]
bar/Kreditkarte	comptant [komtang]/carte de crédit [kart dö kredi]
Banknote/Münze	billet [bijeh]/monnaie [monä]

GESUNDHEIT

Arzt/Zahnarzt/Kinderarzt	médecin [medßäng]/dentiste [dangtißt]/pédiatre [pediatrö]
Krankenhaus/Notfallpraxis	hôpital [opital]/urgences [ürschangß]

Fieber/Schmerzen	fièvre [fiäwrö]/douleurs [dulör]
Durchfall/Übelkeit	diarrhée [diareh]/nausée [noseh]
Sonnenbrand	coup de soleil [ku dö ßolej]
entzündet/verletzt	enflammé [angflameh]/blessé [bleßeh]
Pflaster/Verband	pansement [pangßmang]/bandage [bangdahsch]
Salbe/Schmerzmittel	pommade [pomad]/analgésique [analschesik]

TELEKOMMUNIKATION & MEDIEN

Briefmarke	timbre [tämbrö]
Brief/Postkarte	lettre [lätrö]/carte postale [kart poßtal]
Ich brauche eine Telefon-karte fürs Festnetz.	J'ai besoin d'une carte téléphonique pour fixe. [scheh bösoäng dün kart telefonik pur fiekß]
Ich suche eine Prepaid-karte für mein Handy.	Je cherche une recharge pour mon portable. [schö schärsch ün röscharsch pur mong portablö]
Wo finde ich einen Inter-netzugang?	Où puis-je trouver un accès à internet? [u püische truweh äng akßä a internet]
wählen/Verbindung/besetzt	composer [komposeh]/connection [konekßiong]/occupé [oküpeh]
Steckdose/Ladegerät	prise électrique [pris elektrik]/chargeur [scharschör]
Computer/Batterie/Akku	ordinateur [ordinatör]/batterie [battri]/accumulateur [akümülatör]
At-Zeichen	arobase [arobaß]
Internet-/E-Mail-Adresse	adresse internet/mail [adräß internet/mejl]
Internetanschluss/WLAN	accès internet [akßä internet]/wi-fi [wifi]
E-Mail/Datei/ausdrucken	mail [mejl]/fichier [fischjeh]/imprimer [ämprimeh]

FREIZEIT, SPORT & STRAND

Strand	plage [plahsch]
Sonnenschirm/Liegestuhl	parasol [paraßol]/transat [trangßat]
Ebbe/Flut/Strömung	marée basse [mareh baß]/marée haute [mareh ot]/courant [kurang]
Seilbahn/Sessellift	téléphérique [teleferik]/télésiège [telesiäsch]
Schutzhütte/Lawine	refuge [röfüsch]/avalanche [avalangsch]

ZAHLEN

0	zéro [sero]	8	huit [üit]
1	un, une [äng, ühn]	9	neuf [nöf]
2	deux [döh]	10	dix [diß]
3	trois [troa]	20	vingt [väng]
4	quatre [katr]	100	cent [ßang]
5	cinq [ßänk]	1000	mille [mil]
6	six [ßiß]	½	un[e] demi[e] [äng/ühn dömi]
7	sept [ßät]	¼	un quart [äng kar]

REISEATLAS

Die grüne Linie ▬▬▬ zeichnet den Verlauf der Ausflüge & Touren nach
Die blaue Linie ▬▬▬ zeichnet den Verlauf der Perfekten Route nach

Der Gesamtverlauf aller Touren ist auch in
der herausnehmbaren Faltkarte eingetragen

Bild: Pointe de Penhir, Bretagne

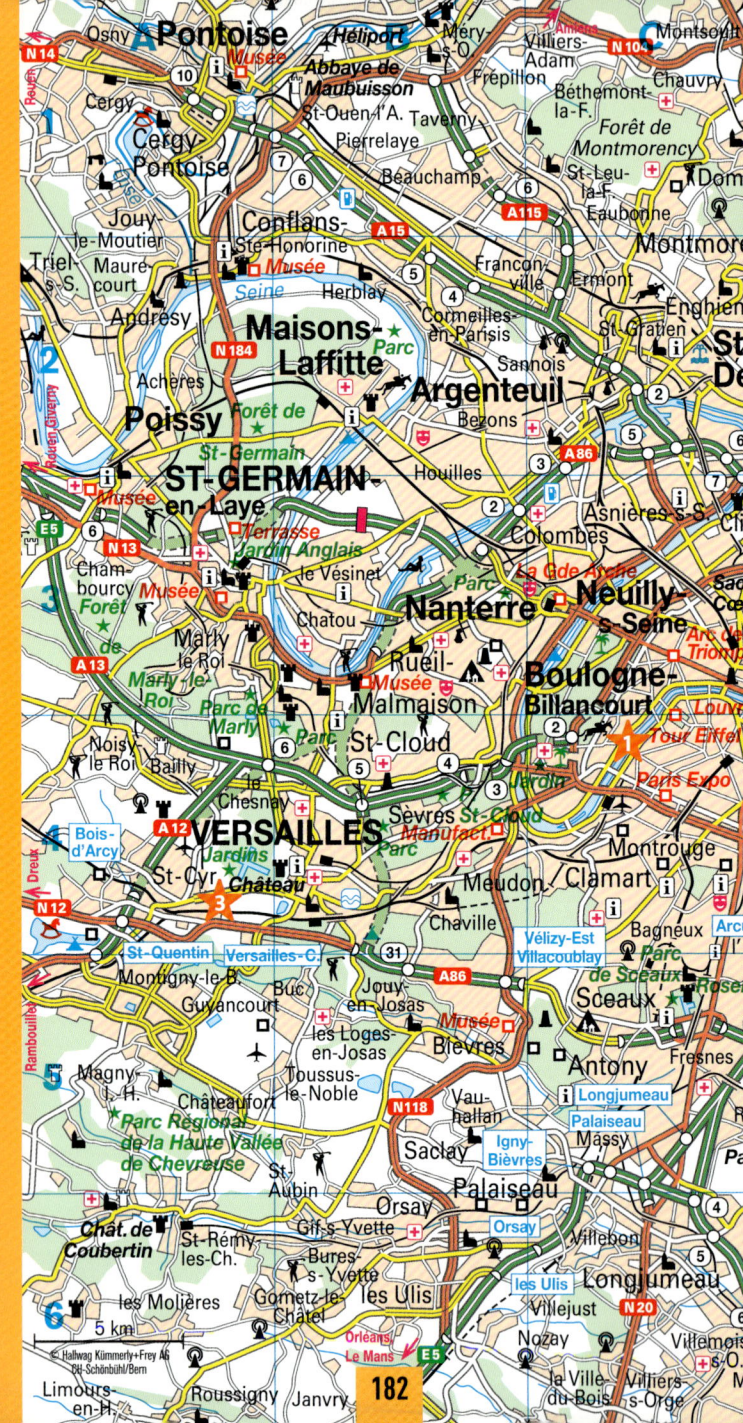

KARTENLEGENDE

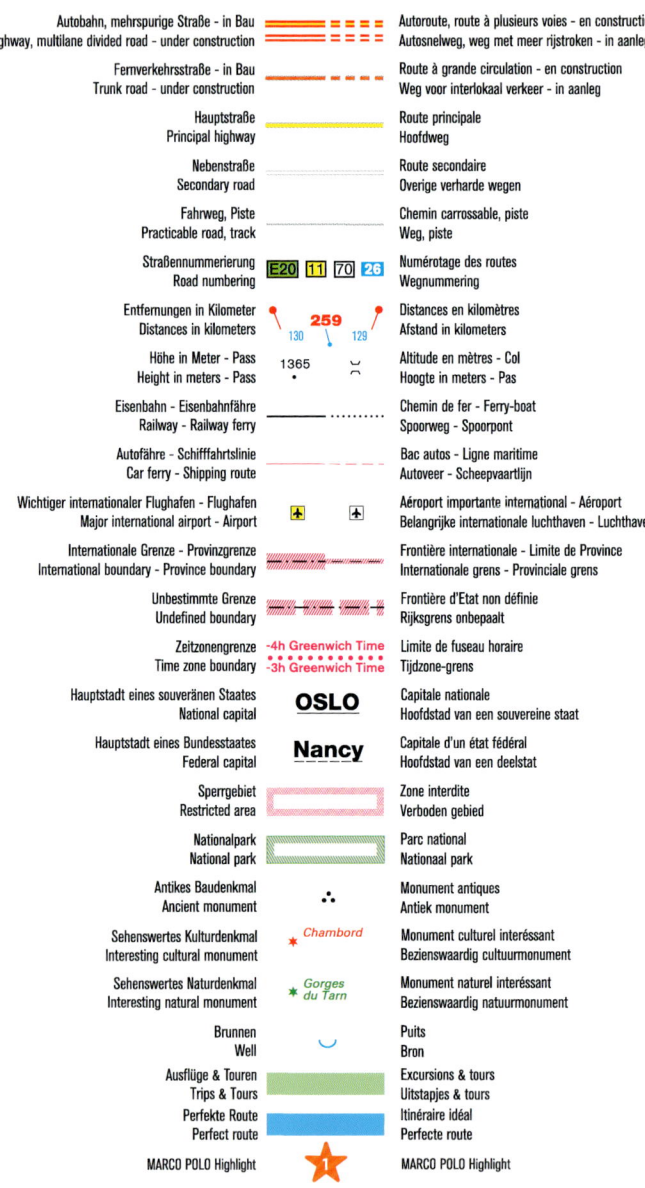

Autobahn, mehrspurige Straße - in Bau Highway, multilane divided road - under construction		Autoroute, route à plusieurs voies - en construction Autosnelweg, weg met meer rijstroken - in aanleg
Fernverkehrsstraße - in Bau Trunk road - under construction		Route à grande circulation - en construction Weg voor interlokaal verkeer - in aanleg
Hauptstraße Principal highway		Route principale Hoofdweg
Nebenstraße Secondary road		Route secondaire Overige verharde wegen
Fahrweg, Piste Practicable road, track		Chemin carrossable, piste Weg, piste
Straßennummerierung Road numbering	E20 11 70 26	Numérotage des routes Wegnummering
Entfernungen in Kilometer Distances in kilometers	259 130 129	Distances en kilomètres Afstand in kilometers
Höhe in Meter - Pass Height in meters - Pass	1365	Altitude en mètres - Col Hoogte in meters - Pas
Eisenbahn - Eisenbahnfähre Railway - Railway ferry		Chemin de fer - Ferry-boat Spoorweg - Spoorpont
Autofähre - Schifffahrtslinie Car ferry - Shipping route		Bac autos - Ligne maritime Autoveer - Scheepvaartlijn
Wichtiger internationaler Flughafen - Flughafen Major international airport - Airport	✈ ✈	Aéroport importante international - Aéroport Belangrijke internationale luchthaven - Luchthaven
Internationale Grenze - Provinzgrenze International boundary - Province boundary		Frontière internationale - Limite de Province Internationale grens - Provinciale grens
Unbestimmte Grenze Undefined boundary		Frontière d'Etat non définie Rijksgrens onbepaalt
Zeitzonengrenze Time zone boundary	-4h Greenwich Time -3h Greenwich Time	Limite de fuseau horaire Tijdzone-grens
Hauptstadt eines souveränen Staates National capital	**OSLO**	Capitale nationale Hoofdstad van een souvereine staat
Hauptstadt eines Bundesstaates Federal capital	**Nancy**	Capitale d'un état fédéral Hoofdstad van een deelstat
Sperrgebiet Restricted area		Zone interdite Verboden gebied
Nationalpark National park		Parc national Nationaal park
Antikes Baudenkmal Ancient monument	∴	Monument antiques Antiek monument
Sehenswertes Kulturdenkmal Interesting cultural monument	*Chambord*	Monument culturel interéssant Bezienswaardig cultuurmonument
Sehenswertes Naturdenkmal Interesting natural monument	*Gorges du Tarn*	Monument naturel interéssant Bezienswaardig natuurmonument
Brunnen Well		Puits Bron
Ausflüge & Touren Trips & Tours		Excursions & tours Uitstapjes & tours
Perfekte Route Perfect route		Itinéraire idéal Perfecte route
MARCO POLO Highlight	★1	MARCO POLO Highlight

SCHREIBEN SIE UNS!

SMS-Hotline: 0163 6 39 50 20

Egal, was Ihnen Tolles im Urlaub begegnet oder Ihnen auf der Seele brennt, lassen Sie es uns wissen! Ob Lob, Kritik oder Ihr ganz persönlicher Tipp – die MARCO POLO Redaktion freut sich auf Ihre Infos.

Wir setzen alles dran, Ihnen möglichst aktuelle Informationen mit auf die Reise zu geben. Dennoch schleichen sich manchmal Fehler ein – trotz gründ-

E-Mail: info@marcopolo.de

licher Recherche unserer Autoren/innen. Sie haben sicherlich Verständnis, dass der Verlag dafür keine Haftung übernehmen kann. Kontaktieren Sie uns per SMS, E-Mail oder Post!

MARCO POLO Redaktion
MAIRDUMONT
Postfach 31 51
73751 Ostfildern

IMPRESSUM

Titelbild: Notre-Dame in Paris (Getty Images/Robert Harding World Imagery: Neale Clark)

Fotos: Bert's (17 u.); W. Dieterich (13, 15, 24/25, 28/29, 30 r., 46, 69, 115, 136, 140, 147, 148/149, 172/173); DuMont Bildarchiv: Gerth (6, 160 o.), Heeb (3 M., 80/81), Kai Ulrich Müller (9), Pasdzior (77, 86/87), Riehle (146), Wackenhut (156/157); Vanessa Filho (16 M.); © fotolia.com: j.h.werner (16 u.); R. Freyer (2 u., 26 l., 27, 34, 58/59, 62, 63, 67 l.); R. Gerth (12); Getty Images/Robert Harding World Imagery: Neale Clark (1 o.); R. M. Gill (154); Huber: Fantuz (20/21, 126, 142/143, 144), Gräfenhain (3 u., 96/97, 156), Huber (Klappe r., 42/43, 122, 139,), Lawrence (120/121), Picture Finders (10/11), Giovanni Simeone (111, 124/125, 130/131, 135); Laif: Le Figaro Magazine/Voge (105), Hemis (79, 100), Huber (152/153), Meyer (82); Laif/Le Figaro Magazine: Gladieu (150/151); Laif: hemis.fr (28, 51, 161); Laif/hemis.fr: Azam (Klappe l.), Cormon (85), Moirenc (128), Soberka (2 o., 4); Laif/Hemisphères Images: Hughes (74/75), Rieger (52); Laif/Hoa-Qui: Renaudeau (41), Simanor (7), Zimbardo (90); Laif/REA: Damoret (59), Decout (40); mauritius images: age (60), Boensch (8), FreshFood (26 r.), Photononstop (72), Fuste Raga (94/95); H. P. Merten (3 o., 70/71); C. Naundorf (18/19, 29, 36, 37, 39, 157); La Parare: Yves Breguier (17 o.); A. Reidt (1 u.); Rufa Fish Spa (16 o.); T. Stankiewicz (48/49, 57, 103, 106, 108/109, 133, 141); M. Thomas (118/119); E. Wrba (2 M.o., 2 M.u., 22, 30 l., 32/33, 44/45, 54, 64, 89, 92, 98, 112, 117, 160 u.)

12. Auflage 2012
Komplett überarbeitet und neu gestaltet
© MAIRDUMONT GmbH & Co. KG, Ostfildern
Chefredaktion: Michaela Lienemann (Konzept, Chefin vom Dienst), Marion Zorn (Konzept, Textchefin)
Autorin: Barbara Markert; Koautorin: Andrea Reidt; Redaktion: Manfred Pötzscher
Verlagsredaktion: Anita Dahlinger, Ann-Katrin Kutzner, Nikolai Michaelis
Bildredaktion: Gabriele Forst, Barbara Schmid
Im Trend: wunder media, München; Kartografie Reiseatlas: © MAIRDUMONT, Ostfildern;
Kartografie Faltkarte: © MAIRDUMONT, Ostfildern
Innengestaltung: milchhof: atelier, Berlin; Titel, S. 1, Titel Faltkarte: factor product münchen
Sprachführer: in Zusammenarbeit mit Ernst Klett Sprachen GmbH, Stuttgart, Redaktion PONS Wörterbücher

DIEBEN EINE CHANCE GEBEN

Gerade in Großstädten sind Touristen oft eine leichte Beute von Dieben. In der Metro deshalb immer den Rucksack nach vorn schnallen und die Handtasche gut festhalten. Kameras, Handys und Portemonnaies nicht während der Fahrt auspacken. An Sightseeing-Brennpunkten wie z. B. Sacré Cœur ist besondere Vorsicht geboten. Hier tummeln sich Taschendiebe aus aller Herren Länder.

EINE PRIVATE EINLADUNG AUSDEHNEN

Wenn man das Glück hat, von Franzosen zum Essen gebeten zu werden, gelten andere Höflichkeitsregeln als zu Hause. Verlässt einer der Gäste die Tafel, verabschieden sich alle anderen sofort, mag es auch ungemütlich wirken. Und Wein trinkt man nur zum Essen, keinesfalls lässt man sich anschließend zu einem Abschiedstrunk auf dem Sofa der Gastgeber nieder, der Abend endet mit dem letzten Gang, café oder digestif.

LEICHTSINNIG SEIN

Die französische Atlantikküste ist wegen des starken Wellengangs ein Surferparadies. Schwimmer jedoch sollten aufpassen, denn starke Strömungen sind schon manchem zum Verhängnis geworden. Vorsicht auch an der normannischen und bretonischen Küste: Hier kommt es häufig zu schnellen Wetterwechseln. Jedes Jahr ertrinken Menschen an der Atlantikküste.

VOR VERSCHLOSSENEN TÜREN STEHEN

In Frankreich gehen manche Uhren anders: Banken und Behörden machen erst um 9 Uhr, Geschäfte oft erst um 10 Uhr auf. Die Mittagspause ist heilig: Außer in Paris schließen Läden und Offices de Tourisme *à midi,* meist von 12 bis 14 Uhr.

IM JULI/AUGUST MIT DEM AUTO GEN SÜDEN

Im Juli gehört Frankreich den Sportlern der Tour de France – die Folge: Staus in den französischen Etappenregionen. Frankreich ist ein zentralistisch organisiertes Land, alle Schulen schließen im Sommer gleichzeitig zwei Monate, und Paris leert sich. Zwischen Mitte Juli und Mitte August ist das höchste Verkehrsaufkommen, an den Stausamstagen gilt deshalb ein Fahrverbot für Kinderbustransporte. Hier ist die Staugefahr am größten: A 36, A 39, A 7, A 9, A 8, A 6 und im Lyoner Stadttunnel La Fourvière.

VERKEHRSREGELN MISSACHTEN

Im Land der *liberté* herrscht im Straßenverkehr keine *fraternité* mit Fahrern ausländischer Wagen. Im Kreisverkehr gilt rechts vor links, jedenfalls oft … Der Klügere gibt nach! Die Zahl der Verkehrstoten ist wieder angestiegen, umso strenger werden Regelbrüche geahndet. In Parkverbotszonen sind Abschleppwagen schnell zur Stelle, Radarkontrollen sind häufig.

REGISTER

Hier finden Sie alle in diesem Reiseführer erwähnten Orte und Ausflugsziele. Gefettete Seitenzahlen verweisen auf den Haupteintrag.

ALLE **MARCO POLO** REISEFÜHRER